Abenteuer Mensch sein

1

Herausgeber/in
Dr. Roland Wolfgang Henke, Bonn
Dr. Eva-Maria Sewing, Bonn

Autorinnen/Autoren
Manfred Berg, Kaiserslautern/Otterberg
Simone Dürbeck, Neumark
Maria Greifenberg, Euskirchen/Köln
Diana Guthmann, Erfurt
Dr. Matthias Hahn, Drübeck/Braunschweig
Dr. Helga Huber, Ainring-Mitterfelden
Ines Jorsch, Hoyerswerda
Bernhard Koreng, Bad-Dürkheim/Wachenheim
Astrid Maly, Leipzig
Petra Lenz, Potsdam/Linthe
Dr. Helga Ludwig-Steup, Potsdam/Berlin
Heidrun Schliebner, Mahlow
Dr. Holger Jens Schnell, Berlin
Dr. Ursula Wilke, Zeuthen
Andreas Ziemer, Drübeck/Wernigerode

Beraterin
Eva-Maria Krause, Meuselwitz/Altenburg

Abenteuer Mensch sein

Ethik / LER
Werte und Normen

1

Inhalt

Erstes Kapitel

8 **Fragen an die Welt**
10 Findet heraus, wer ihr seid!
12 Aus Liebe zum Nachdenken **Methode:** Eine Fantasiereise durchführen (14)
16 Mit der Sprache um die Welt **Fachübergreifend (Deutsch, Sport):** Mehrdeutige Sprache (17)
18 … weil es euer gutes Recht ist!
20 Entscheidungen treffen – aber wie?
22 Woher kommt die Welt?
24 Was auf euch wartet **Methode:** Mindmapping (24)
Projekt: Tagebuch einer Woche (25)

Zweites Kapitel

26 **Der Mensch in der Gemeinschaft**
28 Allein leben?
30 Mit anderen zusammenleben **Fachübergreifend (Deutsch):** Was ist ein Akrostichon? (31)
32 Alte Menschen brauchen mich – ich brauche alte Menschen **Methode:** Einen Gegenstand durch Begriffe charakterisieren (33)
34 Andere sind anders als ich
36 Andere lernen anders als ich
38 Freizeit gestalten
40 Typisch Junge – typisch Mädchen?
42 Leben in der Familie
46 Jeder wie er will?
52 Mitbestimmen in der Schule
Methode: Sich demokratisch einigen (55)
56 Ich bin ein Teil des Ganzen
Projekt: Kinderrechte auf Briefmarken (57)

Drittes Kapitel

58 Mythen.
Geheimnisvolle Geschichten über den Menschen
60 Wie hat alles angefangen?
62 Wer ist der Mensch?
Fachübergreifend (Geschichte): Das alte Griechenland (62)
Methode: Ein Standbild bauen (63)
64 Wie sollen wir leben?
66 Sind Mythen wahr?
68 Was vermag der Mensch? Moderne Mythen **Methode:** Rollenspiel (69)
Projekt: Heiligtümer heute (69)

Viertes Kapitel

70 **Religionen als Wege – Religionen auf dem Weg**
72 Abraham – Am Anfang des Weges: das Vertrauen **Methode:** Ein Bild betrachten und deuten (73)
74 Judentum **Projekt:** Klagen oder Danken (78)
82 Das Christentum **Fachübergreifend (Deutsch):** Vom Sterben und Hoffen – was Trauerrituale erzählen (88)
92 Islam
102 Religionen auf dem Weg – wir sind ihnen begegnet
Projekt: Religionen in unserer Umgebung (103)

Fünftes Kapitel

104 **Von und mit der Natur leben**
106 »Ohne Wasser läuft nichts« **Fachübergreifend (Biologie):** Das Fruchtwasser (107)
108 Wasser erleben – mit Wasser umgehen **Fachübergreifend (Musik):** Wasser hören (108)
Methode: Mit Gedanken experimentieren* (111)
112 Wasser – Segen oder Fluch? **Fachübergreifend (Geografie):** Ägypten – Land des Nils (112)
114 Wasser in den Religionen
116 »Natürlich« leben
Projekt: Klimawandel (117)

Inhalt

Sechstes Kapitel

118 Rätsel des Lebens
120 Von Wirklichkeit und Wahrheit
122 Von Wahrheit und Lüge
124 Nachdenken über Zeit **Methode:** (Stummes) Schreibgespräch (125)
  Fachübergreifend (Werken): Eine Sonnenuhr bauen (127)
128 Vorstellungen von Zeit
132 Wie hängt alles zusammen?
134 Eine Reise …
  Projekt: Gedankenreise ins Universum* (135)

Siebtes Kapitel

136 Das Fremde und das Vertraute
138 Vom Weggehen **Projekt:** Abschied nehmen (139)
140 Das Fremde erkunden – eine Traumreise
142 Fremd sein
144 Der Mensch ist keine Graugans
  Fachübergreifend (Biologie): Tier = Mensch? (145)
146 Fremd im eigenen Land?! **Projekt:** Vertrautes verfremden (147)
148 In Gefühlen festgefahren
150 Füreinander da sein **Methode:** Ein Interview führen (151)
152 Das könnte Schule machen! **Projekt:** Fremde(s) vertraut machen (153)

Achtes Kapitel

154 Glück und Leid
156 Wege zum Glück
158 Glück im Unglück **Fachübergreifend (Deutsch):** Machen Bücher glücklich? (159)
160 Die Welt der schönen Dinge
162 Wer Unglück hat, braucht Hilfe **Methode:** Einen Kurztext analysieren (162)
164 Das eine Glück und die vielen Glücksarten **Methode:** Begriffe verstehen und abgrenzen können (165)
166 Das Glück finden und festhalten?
Projekt: Glücksbringer untersuchen (167)

Neuntes Kapitel

168 Gerecht und gewaltfrei handeln – mehr als nur ein Traum?
170 Wir sind nicht alle gleich **Fachübergreifend (Geografie):** Schulkinder in anderen Ländern (171)
172 Verteilen – aber wie?
174 Gerechte Entscheidung?
Methode: Werte* klären in Konfliktsituationen (174)
176 Konflikte gewaltfrei lösen
178 Gerecht und gewaltfrei leben lernen
Projekt: Traumschule (179)

Anhang

180 Minilexikon
182 Adressen
183 Text- und Bildnachweis

Rätselhafte Fragen lassen sich nicht nur in Worten ausdrücken. PAUL KLEE benutzte dazu einen Pinsel. Er versuchte zu malen, was wir fühlen, erleben und träumen und was uns nachdenklich macht. In seinen Bildern machte er Unsichtbares sichtbar. Ihr könnt in seinem Bild mit euren Augen spazieren gehen. Einige Kinder nannten das Bild »Streit in der Hölle«, andere »Raketen im Feuersturm«. PAUL KLEE nannte es »Rosenwind«. Welchen Vorschlag habt ihr?

Erstes Kapitel

Fragen an die Welt

Gibt es mich nur einmal auf der Welt?

Wer kleine Geschwister hat, weiß, wie Dreijährige mit Fragen nerven können: Warum fällt Schnee vom Himmel? Warum müssen alle Kinder abends schlafen gehen? Warum wird es immer wieder Frühling? Warum sterben Pflanzen, Tiere, Menschen? Warum ist es in der Nacht dunkel? Warum? Warum? Warum?
Einige dieser Fragen können beantwortet werden, andere nicht – denn es sind Fragen, auf die man, selbst bei längerem Nachdenken, keine endgültigen Antworten findet. Zum Beispiel: *Was ist der Mensch? Was ist der Sinn unseres Lebens? Was ist das Gute? Was ist das Böse? Woher kommt das Leid und welchen Sinn hat es? Wo kommen wir her? Wohin gehen wir? Gibt es ein Ende der Welt?*
Diese Fragen geben Rätsel auf. Sie scheinen recht einfach. Wenn man sie aber genauer bedenkt, ergeben sich aus ihnen immer neue Fragen. Wissenschaftler/-innen versuchen sie manchmal zu beantworten, Angehörige von Religionen auch. Häufig begleiten diese Fragen Menschen durch ihr ganzes Leben.

1. Schreibt Fragen auf, die euch schon einmal durch den Kopf gegangen sind. Bedingung ist, dass es »rätselhafte« Fragen sind, auf die ihr noch keine befriedigende Antwort gefunden habt. Schreibt sie auf kleine Zettel.

2. Diskutiert über die am häufigsten genannten Fragen.

3. Es kann auch jeder für sich nachdenken: Wähle dazu einige Fragen aus und schreibe Antworten auf – oder auch neue Fragen. Entscheidet gemeinsam, welche Fragen und Antworten für gut erachtet werden.

4. Die Zettel mit euren Fragen könnt ihr in einer Schachtel aufbewahren. Sie erinnern euch in einem Schuljahr daran, wie und worüber ihr vor einem Jahr nachgedacht habt. – Haben sich eure Vorstellungen geändert?

Findet heraus, wer ihr seid!

Du bist ein Mädchen und 10 Jahre alt. In deiner Freizeit gehst du oft reiten. In der Schule bist du ganz gut, besonders in Mathe und Kunst. Um den Hals trägst du eine Kette mit einem Kreuz. Wenn es Streit gibt, mischst du dich oft ein oder du holst Hilfe, von einem Lehrer oder so.   Jonas

Marie ärgert sich. Im Ethikunterricht letzte Stunde sollten alle ein Los ziehen auf dem der Name eines Mitschülers oder einer Mitschülerin stand. Und dann mussten alle das Kind beschreiben, dessen Namen sie gezogen hatten. Jonas hatte ausgerechnet sie gezogen. Das Ergebnis hing für alle sichtbar an der Tafel. Die Ethiklehrerin hatte alle Beschreibungen mit einem Magneten an der Tafel befestigt – ohne Namen.

Marie hat einen Traum

Fremde Gestalten schweben in ihrem Zimmer. Sie haben glatte, silbern schimmernde Körper, die wie Schneemänner aus drei kugelartigen Teilen bestehen. Anstatt zu laufen, hüpfen sie wie Gummibälle. Und mit einer Öffnung in der Körpermitte sprechen und hören sie zugleich. Diese unbekannten Wesen heben Marie aus dem Bett. Komischerweise verspürt sie keine Angst. Sie fühlt sich ganz leicht.

Als sie hört, dass sie mit einem Raumschiff auf einen unbekannten Planeten fliegen soll, ist sie ganz aufgeregt. Natürlich muss sie die Gestalt der Fremden annehmen, sonst würde sie ja gleich erkannt. Das geht ganz schnell und Marie fühlt sich wohl in ihrem neuen Körper.

Dann erlebt sie eine traumhafte Reise: Auf einem feuerroten Planeten wohnen die Wesen in ballonartigen Hütten. Marie lernt ihre Feste kennen, isst morgens diesen eigenartigen Fladen, der sie an einen Eierkuchen erinnert und den ganzen Tag satt macht – sie schläft in einer Art Schwebezustand, einen Meter über der Erde.

Bald bringen ihre neuen Freunde sie zurück zur Erde. Aber sie können Marie nicht mehr ihren alten Körper zurückgeben. Irgendetwas ist schief gelaufen. Marie bekommt einen riesigen Schreck und wacht auf. Ihr Nachthemd ist nass geschwitzt …

Ein berühmter Philosoph*, RENÉ DESCARTES (1596–1650), dachte lange darüber nach, wie Körper und Seele* zusammenhängen. Seiner Ansicht nach besitzt der Mensch eine Seele und einen räumlichen Körper. Bis heute zerbrechen sich Philosophen den Kopf darüber, ob das stimmt und wie beide miteinander verbunden sein könnten. DESCARTES war nicht nur Philosoph, sondern auch Mathematiker und Naturwissenschaftler. Er war der erste, der auf wissenschaftliche Weise erklärte, wie ein Regenbogen zustande kommt (siehe Kapitel 3: Sind Mythen wahr?, Seite 66.)

1 Warum wohl ärgert sich Marie?

2 Beschreibt euch gegenseitig und tauscht eure Ergebnisse aus: Erkennt ihr euch wieder?
Beschreibe dich selbst. Erkennen dich die anderen wieder?

3 Träumt in Gruppen Maries Traum weiter: Was könnte geschehen?

4 Diskutiert darüber, ob Marie von ihrer Familie und ihren Freunden trotz der seltsamen Gestalt erkannt werden könnte.

5 Stellt euch vor, Marie steht mit ihrer veränderten Gestalt vor einem Spiegel: Was wird ihr durch den Kopf gehen? Verfasse einen Tagebucheintrag.

Wer möchte nicht gern wissen, wer er ist? Doch diese Frage ist nicht so einfach zu beantworten. Eine rein äußerliche Beschreibung eines Menschen bleibt oberflächlich und unvollständig. Manchen Menschen bleibt ihr Inneres weitgehend verborgen oder sie geben es ungern preis. Doch oft verrät die Körpersprache, was in einem vorgeht.

Im Innern des Menschen liegt seine Seele* verborgen – davon sind viele überzeugt, so zum Beispiel der Philosoph Descartes. Doch was ist eigentlich die Seele eines Menschen und wie macht sie sich bemerkbar?

Erstes Kapitel | Findet heraus, wer ihr seid!

Aus Liebe zum Nachdenken

Können wir uns auf unsere Sinne verlassen?

Marie hat sich mit Max verabredet. Max ist ihr Banknachbar und obwohl sie sich noch nicht so lange kennen, sind sie schon so etwas wie Freunde. Max ist nicht so albern wie die anderen Jungen und er findet es toll, dass Marie auch gerne auf Bäume klettert, Reiten geht, aber auch mal mit den Jungen Fußball spielt. Und beide lieben Geschichten, über die man nachdenken kann.

Marie und Max laufen nach der Schule zu Maries Garten. Dort gibt es einen Pavillon, der ziemlich abseits steht und zum Reden und Träumen einlädt. Max kann Marie kaum folgen, so eilig hat sie es. So langsam ist er mächtig gespannt auf das, was Marie ihm erzählen will.

Kaum im Garten angekommen, fängt Marie schon an zu erzählen. Max versteht zunächst nicht, worum es geht, so aufgeregt redet Marie. Er muss oft nachfragen, bevor er versteht, dass Marie von einer Reise zu einem fremden Planeten geträumt hat – von der Reise in einem fremden Körper, aus dem sie nicht zurückverwandelt werden konnte. »Und als ich aufwachte, war ich ganz durcheinander und ängstlich«, erzählt Marie weiter, noch immer ganz aufgeregt. »Würdest du mich denn so erkennen?« Max schaut sie mit einem Grinsen im Gesicht an: »Siehst du denn nicht immer so aus? Sieh dich doch mal an!« – Marie springt empört auf: »Du spinnst wohl! Sehe ich etwa wie ein Schneemann aus?« Doch als Max seine Freundin noch immer mit diesem frechen Grinsen von der Seite anschaut und dabei genüsslich seine Limonade trinkt, fängt sie an zu zweifeln an: »Ich brauche einen Spiegel, sonst kann ich mich nicht sehen.«

Zu ihrem Entsetzen wird Max' Grinsen noch unerträglicher. Sie glaubt ihren Ohren nicht zu trauen, als er sagt: »Das wird dir auch nicht helfen. Ich habe gelesen, dass unsere Sinne sich täuschen lassen. Und das Sehen ist ebenso wie Tasten, Hören, Riechen und Schmecken einer unserer fünf Sinne.«

»Das glaube ich nicht«, sagt Marie. In diesem Augenblick nimmt Max ein dickes Buch aus seiner Mappe und schlägt eine Seite auf.

Beschreibe, was du auf dem Bild siehst. Worin unterscheiden sich die Personen? Mache Angaben zu ihrer Größe. Überprüfe anschließend mit einem Lineal, ob deine Angaben zutreffen.

Halte einen Trinkhalm in ein Glas Wasser. Beschreibe, was du siehst. Woher weißt du, dass deine Wahrnehmung auf einer Täuschung beruht?

Seite 111 ◄
Mit Gedanken experimentieren*

Marie und Max besorgen Lineal und Wasserglas. Nachdem sie die Experimente* durchgeführt haben, ist Marie verblüfft: »Gut, Sinne lassen sich täuschen. Aber erkennen wir uns denn nur an unseren Äußerlichkeiten? Es muss doch noch etwas geben, woran du mich auch in dieser fremden Gestalt erkennen können müsstest!«

Max denkt nach. Dann sagt er: »Ja, es gibt noch andere Dinge, die dich von mir und den anderen unterscheiden: Ich würde dich immer an deinem Lachen erkennen; oder daran, dass du alle möglichen Pferderassen kennst. Ganz besonders verwundert es mich auch, dass du immer einen winzigen Essensrest auf dem Teller zurück lässt. Das habe ich noch nie zuvor bei jemandem gesehen. Und ich glaube, es gibt nur wenige Menschen, die sich immer zuerst den linken Schuh anziehen, weil sie meinen, dass es Glück bringt.«

Marie blinzelt in die Sonne. Sie ist froh, dass es Max gibt.

Früh übt sich, wer ein Wissenschaftler oder eine Wissenschaftlerin werden möchte ...

1   Die Experimente* auf Seite 12 zeigen sichtbare (optische) Täuschungen: Kennt ihr noch andere?

2   Sucht nach weiteren Formen von Sinnestäuschungen: Informiert euch dazu in einem Lexikon oder bei eurer Physiklehrkraft.

3   Max ist Maries Freund - jedenfalls freut sich Marie, dass es Max gibt: Überlegt, warum Marie so empfindet.

4   Worin unterscheiden sich Menschen voneinander? Erstellt dazu eine Liste: Wichtige Dinge stehen ganz oben, weniger wichtige weiter unten.
    Diskutiert anschließend, was das Besondere einer Person ausmacht.

Aus Liebe zum Nachdenken

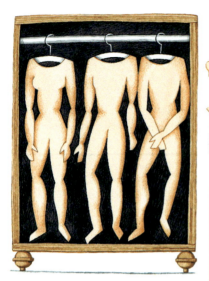

Diese Geschichte hat Max entdeckt und Marie gezeigt. Marie denkt nach ihrem Traum (siehe Seiten 10/11) immer wieder darüber nach, was sie über ihren Körper hinaus einzigartig macht. Sie findet den Gedanken gruselig, den eigenen Körper absichtlich zurückzulassen. Max kann gar nicht verstehen, warum sich Marie gruselt. Er findet den Medico-Monter spannend und würde gern neue Welten erkunden. Und ihr?

Reise zu einem fernen Planeten – die Reise der Zukunft?

Da der Flug mit einem Raumschiff zu weit entfernten Planeten sehr viel Zeit in Anspruch nimmt, haben Weltraumtechniker neue Möglichkeiten ersonnen. Einer davon ist der im Jahr 2127 in Betrieb gegangene »Medico-Monter«: Reisende, die auf den schönen Planeten Venus wollen, begeben sich nun nicht mehr zur Startbahn eines Raumschiffs, sondern zum Computerterminal. Dort wird der gesamte Mensch gescannt. Alle Informationen zu Körper, Gedächtnis und Gefühlen werden abgespeichert. Die Informationen werden über Satelliten an die Empfangsstation auf der Venus weitergegeben. Kommt das Empfangssignal von der Venus, wird der Mensch auf der Erde, der zuvor in einen künstlichen Schlaf versetzt wurde, schmerzfrei aufgelöst. Er lebt nun neu als Venusianer oder Venusianerin weiter.
Kürzlich gab es ein Problem – einen technischen Fehler: Auf dem Weg zur Venus ist ein Teil des Datenpakets von Lisa M. verloren gegangen. Gedächtnis und Gefühle kamen vollständig an, aber die Informationen über den Körper fehlten. Da die Empfangsbestätigung an die Erde losgeschickt wurde, bevor man das Fehlen dieser vergleichsweise kleinen Datenmenge bemerkt hatte, war der Erdenkörper bereits aufgelöst.
Die Fachwelt diskutiert nun, welche Art Ersatzkörper zur Verfügung gestellt werden soll.

Methode: Eine Fantasiereise durchführen
Eine Fantasiereise ist wie ein gelenkter Tagtraum – du versetzt dich in andere Umstände und versuchst, das Leben aus einer neuen (ungewohnten) Perspektive* zu sehen:
• Setz dich ganz bequem und entspannt hin.
• Schließ die Augen oder lasse sie offen – jetzt geht die »Reise« los in eine andere »Welt«.
• Jemand liest die Geschichte einer bestimmten Fantasiereise vor.
Manche sagen, dass eine Fantasiereise helfen kann, Stress abzubauen und zu innerer Ruhe zu finden: Was sind eure Erfahrungen?

1 »Das Leben ist ein Fluss« – so heißt eine Weisheit der fernöstlichen Philosophie*. Könntest du dein bisheriges Leben als Fluss malen? Der erste Schultag – eine wichtige Richtungsänderung? Die Klavierstunde – ein harter Brocken mitten im Fluss?

2 Max ist vom Medico-Monter begeistert: Welche Vorteile fallen euch ein?

Marie ist skeptisch und meint, dass es beim Einsatz eines solchen Geräts Tücken gibt. Sie fragt: Bleibe ich »ich«, wenn ich in Datenpakete verwandelt werde?
Ist denn der Körper nur eine Art Kleidungsstück? Was meint ihr?

3 Diskutiert, ob ihr euch euer Leben noch als Fluss vorstellen könnt, wenn es durch den Medico-Monter geschickt würde: Sammelt Argumente dafür und dagegen.

> Marie und Max philosophieren*: Sie haben darüber nachgedacht, ob es über ihren Körper hinaus etwas gibt, das sie einzigartig macht. Mit Experimenten* konnten sie an sich ausprobieren, dass sie sich nicht immer auf ihre Sinne verlassen können. Und dennoch sind alle Menschen auf ihre Sinne angewiesen, um überleben zu können.
> Kann unsere Seele* Raum und Zeit überspringen und in einem neuen Körper weiterexistieren? Unumstößliche und allgemeingültige Lösungen haben Marie und Max nicht gefunden; eher sind sie auf viele neue Fragen gestoßen: Vielleicht heißt »Philosophie« deshalb »Liebe zur Weisheit«, weil sich Philosophen trotz alledem nicht vom Nachdenken abbringen lassen.

Erstes Kapitel | Aus Liebe zum Nachdenken

Mit der Sprache um die Welt

Maerten van Valckenborch:
Der Turmbau zu Babel (1595)

Menschen sprechen unterschiedliche Sprachen. Wie es dazu kam, versuchte man sich schon vor mehr als 2000 Jahren zu erklären. Eine Geschichte dazu steht in der Hebräischen Bibel*
(1. Mose 11, 1–9).

Eine gemeinsame Sprache, ohne sich zu »verstehen«?

Alle Menschen hatten die gleiche Sprache und gebrauchten die gleichen Worte. […] Sie sagten zueinander: Auf, formen wir Lehmziegel, und brennen wir sie zu Backsteinen. So dienten ihnen gebrannte Ziegel als Steine und Erdpech als Mörtel. Dann sagten sie: Auf, bauen wir uns eine
5 Stadt und einen Turm mit einer Spitze bis zum Himmel, und machen wir uns damit einen Namen, dann werden wir uns nicht über die ganze Erde zerstreuen. Da stieg der HERR herab, um sich Stadt und Turm anzusehen, die die Menschenkinder bauten. Er sprach: Seht nur, ein Volk sind sie, und eine Sprache haben sie alle. Und das ist erst der Anfang ihres Tuns.
10 Jetzt wird ihnen nichts mehr unerreichbar sein, was sie sich auch vornehmen. Auf, steigen wir hinab, und verwirren wir dort ihre Sprache, so dass keiner mehr die Sprache des anderen versteht. Der HERR zerstreute sie von dort aus über die ganze Erde, und sie hörten auf, an dieser Stadt zu bauen. Darum nannte man die Stadt Babel (Wirrsal), denn dort hat der
15 HERR die Sprache aller Welt verwirrt, und von dort aus hat er die Menschen über die ganze Erde zerstreut.

Keine gemeinsame Sprache, sich aber trotzdem »verstehen«?

Max hat Ferien. Gleich in der ersten Woche fahren seine Eltern mit ihm in Richtung Süden. Die Eltern sind begeistert. Max findet es öde. Er wäre lieber daheim bei seiner Fußball-Mannschaft geblieben. Hier versteht er keinen. Alle reden nur französisch.
5 Am zweiten Tag sieht er einen Jungen mit einem Fußball: Der fremde Junge kickt nicht schlecht. Max geht ein wenig näher ran. Nach einer

Weile fliegt der Ball zu ihm her. Max kickt zurück; der andere grinst ihn an. Sie spielen sich den Ball ein paar Mal zu. Der fremde Junge sagt etwas. Max versteht nichts und sagt das dem Jungen, der seinerseits die Schultern zuckt. Beide grinsen. Max zeigt auf sich und sagt »Max«. Der andere antwortet, mit dem Finger auf sich zeigend: »Pascal«. Ihr Spiel geht weiter. Nach einer Weile zeigt Pascal auf Max und sagt: »Zidane«, dann zeigt er auf sich: »Oli Kahn« und stellt sich in Position. Max versucht nun, Tore wie der berühmte französische Stürmer zu schießen und Pascal die Bälle so gut wie der bekannte deutsche Torwart zu halten. Als Max an diesem Abend mit seinen Eltern Essen geht, findet er den Urlaub gar nicht mehr so öde.

Fachübergreifend (Deutsch, Sport): Mehrdeutige Sprache

1. Eine Gummidichtung ist doch kein Gedicht über Gummi – oder? Ein Eselsohr kann zweierlei bedeuten – nämlich? Wer kann sich auch ohne Sprache – »mit Händen und Füßen« – gut ausdrücken? Denke dir ein aus zwei Substantiven zusammengesetztes Wort aus (wie bei den Beispielen oben). Versuche nun, beide Substantive nacheinander pantomisch so darzustellen, dass zuerst die Substantive und zuletzt das zusammengesetzte Wort erraten werden können.

2. Der französische Komödiendichter Jean-Baptiste Molière (1622–1673) ließ in seinen Bühnenstücken verschiedene Charaktertypen auftreten, zum Beispiel den »Menschenfeind« oder den »eingebildeten Kranken«: Entwickelt ein Bühnenstück als Bewegungsspiel, in dem ihr folgende Typen pantomimisch darstellt: den Stubenhocker, den Hans-Dampf-in-allen-Gassen, das Mauerblümchen, das Schlitzohr, den Trauerkloß, den Hanswurst. Informiert euch in Lexika über die Entstehung der Begriffe.

»Pantomimisch«: etwas nur mit Gebärden (Zeichen) und Mienenspiel darstellen (Körpersprache)

1 Könnt ihr ohne Sprache gemeinsam eine Aufgabe meistern? Probiert es aus! Ihr braucht Papier, Pappe, Scheren und Kleber und bildet dann zwei Gruppen. Jede Gruppe bastelt ein Bauwerk: Die erste Gruppe darf sich »normal« verständigen; die zweite Gruppe darf weder sprechen noch schreiben. Vergleicht anschließend eure Bauwerke. Berichtet gegenseitig, an welchen Stellen Probleme aufgetreten sind und wie ihr sie gelöst habt.

2 Listet auf, was Sprache leisten kann.

3 Es kann passieren, dass Menschen aneinander vorbeireden, obwohl sie die gleiche Sprache sprechen: Erzählt die Turmbau-Geschichte in diesem Sinne nach.

Meist denken wir nicht darüber nach, welche Rolle die Sprache für uns Menschen spielt – sie ist einfach da. Erst wenn die Sprache fehlt, wird deutlich, wie wichtig sie für unsere persönliche Entwicklung, für das Miteinander und die Gestaltung unserer Umwelt ist: Mit einer Sprache kann ein Mensch die Kultur* besser verstehen lernen, in der diese Sprache zu Hause ist. Weltweit werden heute etwa gut 6 000 Sprachen gesprochen. Mehr als die Hälfte davon werden zum Ende des 21. Jahrhunderts verschwunden sein. Wissenschaftler/innen versuchen einige dieser bedrohten Sprachen für künftige Generationen zu bewahren – schaut doch mal im Internet nach: http://www.mpi.nl/DOBES/.

… weil es euer gutes Recht ist!

Dürfen Eltern das?

Marie hatte Geburtstag – sie ist nun endlich 11 Jahre! Es war eine tolle Feier mit ihren Freundinnen; besonders die Nacht im Zelt war super. Gefreut hat sie sich natürlich auch über die vielen Geschenke. Von den Großeltern bekam sie Geld und hat nun mit dem gesparten Taschengeld 120 Euro zusammen. Gleich am nächsten Tag nimmt Marie das Geld und geht in das große Geschäft, in dem es Fernseher, Computer, DVD-Player und auch Spielkonsolen gibt. Mit einem EyeToy will sie ihre Playstation aufrüsten. Sie hat den Freundinnen schon vorgeschwärmt, wie man mit Bewegungen vor der Kamera das Spielgeschehen des Computerspiels beeinflussen kann. Marie kauft das Gerät.

Als die Eltern am Abend in Maries Zimmer kommen, glauben sie ihren Augen nicht zu trauen: Schon einige Male hatten sie Marie erklärt, warum sie gegen die Anschaffung eines solchen Gerätes sind. Sie wollen am Tag darauf mit Marie in das Geschäft gehen und den Kauf rückgängig machen.

Eltern …
… haben »das Recht und die Pflicht, für das minderjährige Kind zu sorgen« und insbesondere auch »das Recht und die Pflicht, das Kind zu erziehen, zu beaufsichtigen und seinen Aufenthalt zu bestimmen«.
Nach § 1626 und § 1631 Absatz 1 des BGB (»Bürgerliches Gesetzbuch«)

Kinder …
»Ein von dem Minderjährigen ohne vorherige Zustimmung des gesetzlichen Vertreters geschlossener Vertrag« ist wirksam, wenn der Minderjährige den Vertrag mit dem Geld begleicht, das er zu diesem Zweck bekommen hat oder mit Geld, über das er frei verfügen kann.
Nach § 110 BGB (»Taschengeldparagraf«)

In Deutschland (Preußen) wurde 1717 die Schulpflicht eingeführt. Alle Kinder – auch diejenigen, die von einem Hauslehrer unterrichtet wurden oder in Internaten lebten – mussten nun in die »Volksschule«. Die Schulpflicht setzte sich gegen die bis dahin übliche Kinderarbeit durch. Die Vereinten Nationen* haben 1989 gefordert, dass allen Kindern auf der Welt ein Recht auf Bildung zusteht.

Unterschiedliche Lebenswelten

Sawita ist 10 Jahre alt und lebt in Indien. Seit zwei Jahren arbeitet sie jeden Tag von morgens bis abends in einer kleinen, stickigen Halle. Mit andern Mädchen knüpft sie Teppiche, die dann in viele Länder der Erde verkauft werden. Ist der anstrengende Tag vorbei, legt sich Sawita an ihrem Arbeitsplatz schlafen. Sie bekommt kaum Lohn für ihre Arbeit. Zur Schule gehen kann sie nicht, obwohl sie gerne würde.

Tim wohnt in Brandenburg. Er will nicht mehr zur Schule gehen. Jeden Tag kommt er unzufriedener aus der Schule – mit den Mitschülern versteht er sich nicht, von den Lehrern fühlt er sich nicht ernst genommen und der Unterricht macht ihm schon lange keinen Spaß mehr.

Kapitel 9 – Wir sind nicht alle gleich, Seiten 170/171

Seite 174 Methode: Werte klären in Konfliktsituationen*

Seite 69 Methode: Rollenspiel

1. Überlegt, warum Maries Kauf einen Interessenkonflikt erzeugt: Worauf können sich die Eltern in der Auseinandersetzung berufen? Spielt ein Rollenspiel und findet gemeinsam eine Lösung.

2. Diskutiert: Kann sich Marie in der Auseinandersetzung mit ihren Eltern auf den Taschengeldparagrafen berufen?

3. Sawita möchte gern zur Schule gehen, Tim will nicht. Und ihr?

4. Erkundigt euch, ob es bei uns Kinderarbeit gibt – so wie in Indien.

> Damit Menschen gut – also auf gerechte Weise – zusammenleben können, gibt es Gesetze. In der Familie erleichtern Regeln das Zusammenleben. Jede Familie kann sich eigene Familienregeln schaffen. Bestimmte Rechte und Pflichten sind aber gesetzlich festgelegt.
> Trotzdem müssen wir uns jeden Tag, in vielen Situationen, neu entscheiden: Ja oder Nein sagen, etwas tun oder es lassen. Dann ist es gut zu wissen, warum wir uns gerade so und nicht anders entscheiden. Tun wir Dinge nur, weil es unsere Pflicht ist? Legt das Gesetz alle Entscheidungen fest? Und welchen Einfluss hat meine Entscheidung auf das Leben anderer Menschen?

Kapitel 2 – Jeder wie er will? Seiten 46-51

Erstes Kapitel | … weil es euer gutes Recht ist!

Entscheidungen treffen – aber wie?

Marie kann sich nie entscheiden: »Was soll ich anziehen?« »Soll ich ein Pausenbrot mitnehmen?« »Fahr ich mit dem Bus oder mit dem Rad in die Schule?«
Jetzt hat sie einen Ausweg gefunden: einen Würfel, der ihr die Entscheidungen abnimmt. Er sagt, ob »ja« oder »nein«, »jetzt« oder »später«, »vielleicht« oder »besser nicht«.
Marie ist überzeugt: »So ist es am einfachsten! Alle anderen müssen ihre Köpfe anstrengen, während ich nur würfeln muss.«

Was passiert in unseren Köpfen, wenn wir Entscheidungen treffen?

Gehirnforscher glauben, dass in unserem Kopf keine kleinen Würfel fallen. Sie gehen davon aus, dass man in Entscheidungssituationen durch bisher gemachte Erfahrungen beeinflusst wird. Aber jeder Mensch kann dazulernen.
Jeder Gedanke, jeder Sinneseindruck und jede Gefühlsregung ist in unserem Gehirn so etwas wie ein Fußabdruck in einer Schneelandschaft. Wo viele dieser Fußspuren sind, entstehen breite Wege, die leichter begehbar sind. Im Laufe der Zeit entstehen dadurch in unserem Gehirn so etwas wie »Landkarten«, mit deren Hilfe wir uns orientieren.

Wer Entscheidungen trifft, lernt für sich und andere Verantwortung zu übernehmen. Das ist nicht immer leicht – und oft kommt es darauf an, welche Hilfen wir dabei bekommen. Gute wie schlechte Erfahrungen hinterlassen Spuren. Sie prägen unsere inneren Einstellungen oder Werte* – oft ohne, dass wir das gleich merken. Verinnerlichte Werte machen sich in Entscheidungssituationen bemerkbar: Habt ihr das schon einmal an euch und anderen erlebt?

Was meint ihr? Eine Entscheidungsliste

Ab welchem Alter sollte ein Kind entscheiden dürfen,
– welche Kleidung es trägt?
– wann Schlafenszeit ist?
– welche Schule es besucht?
– wie lange es ausgeht?
– welche Politik gemacht wird?
– ob und wie viele Kekse es will?
– ob es ein Auto fährt?
– …?

1 Auf dem Bild mit den verschlungenen Wegen steht ein Mann vor einem Knoten: Wer kennt solche Situationen? Habt ihr den Knoten lösen können? Wenn nicht ihr entschieden habt, wer dann?

2 Bastle einen eigenen Entscheidungswürfel. Teste damit einen Tag lang Maries Entscheidungsmethode. Halte am Abend in einem Tagebuch fest, in welchen Situationen du den Würfel verwendet hast. In welchen Fällen hast du die Entscheidung dem Würfel überlassen, wann hast du selbst die Verantwortung übernommen?

3 Diskutiert, welche Entscheidungen von
– einem dreijährigen Kind,
– einem siebenjährigen Kind,
– einem elfjährigen Kind,
– einem vierzehnjährigen Jugendlichen
getroffen werden können (oder sollten). Ergänzt dazu die Liste auf dieser Seite und begründet eure Meinungen.

Seite 24 ◀
Methode: Mindmapping

4 Male zu ausgewählten Entscheidungen jeweils eine Gedankenkarte (Mindmapping).

> Manche Entscheidungen sind schwer zu treffen. Oft hilft es, nahe stehende Menschen um Rat zu bitten. Aber auch wenn man viel nachdenkt und Für und Wider abwägt, kann ein eigener Entschluss »Bauchweh« verursachen – nämlich dann, wenn dieser Entschluss gegen die eigenen Gefühle getroffen wird. Ein Argument für etwas kann mehr zählen als vier Gegengründe.

Erstes Kapitel | Entscheidungen treffen – aber wie?

Woher kommt die Welt?

In dem berühmten Buch »Sofies Welt« von Jostein Gaarder bekommt Sofie einen Brief mit der Frage: Woher kommt die Welt? »Keine Ahnung«, denkt Sofie. »Wer weiß das schon?« Aber trotzdem – die merkwürdige Frage lässt Sofie nicht los. Zum ersten Mal in ihrem Leben denkt sie, dass sich eigentlich jeder diese Frage stellen müsste. Auf der Rückseite des Briefes findet Sofie eine Antwort. Was meint ihr, was da stand?

Die griechische Vorstellung über die Entstehung der Welt

Nach einer alten Sage wurde die Menschheit von den Nachkommen eines Gottes mit dem Namen »Zeus« geschaffen. Zeus war mit seiner Schwester »Hera« verheiratet und hatte den »Olymp« im Himmel zum Sitz der Götter erklärt. Zeus herrschte über alle anderen Götter und die Menschen auf der Erde. Doch Zeus musste vorher um seine Weltherrschaft kämpfen – in einer zehn Jahre andauernden Schlacht gegen seinen eigenen Vater »Kronos« und die Titanen. Doch wer waren die Titanen? Und wie kam es zum Kampf des Zeus mit seinem Vater Kronos? Dazu wird diese Geschichte erzählt:

Sage: dichterisch gestaltete Überlieferung, die aus geschichtlichen Vorzeiten stammt. In der Sage kommen meist bekannte Personen oder Orte vor.

*Kyklopen
Einäugige Riesen*

*Kronos
Die griechische Sagengestalt »Kronos« wurde auch als »Vater der Zeit« verehrt und oft mit einem Stundenglas dargestellt. Worte wie »Chronik« (Aufzeichnung von Ereignissen) und »Chronometer« (Zeitmesser, Uhr) erinnern heute noch an Kronos, der von seinem Sohn Zeus besiegt wurde.*

Die Zeit war nicht schon immer da. Vor der Zeit herrschte das Chaos, ein gähnender Schlund ohne Anfang und Ende. Es bestand aus Nebeln, und in seinen Tiefen lagen die Urbestandteile des Lebens: Erde, Wasser, Feuer und Luft. Daraus entstand Gaia, die erste Göttin. Die Kraft, die sie dazu bewegte, war Eros, die Liebe. Aus sich selber heraus zeugte Gaia den Himmel (Uranos), die Berge und das Meer. Aber noch immer war die Welt nicht vollständig! So verband sich die Erdenmutter Gaia mit einem ihrer Söhne - mit Uranos. Aus dieser Vereinigung gingen die Titanen, Kyklopen und Ungeheuer mit 100 Armen hervor. Uranos war entsetzt über seine Kinder und sperrte sie in eine Höhle. Gaia rächte sich. Sie überredete ihren jüngsten Sohn Kronos, die Macht an sich zu reißen. Dieser überwältigte daraufhin seinen Vater, der in die Unterwelt verbannt wurde.
Doch Kronos lebte in Angst. Sein zorniger Vater Uranos hatte ihm prophezeit: »So wie du mich vom Throne gestoßen hast, wird dereinst dein eigener Sohn dich ebenfalls zu Fall bringen.« Aus Angst verschlang daher Kronos alle Kinder, die ihm seine Frau Rhea gebar. Rhea griff daraufhin zu einer List: Sie brachte in einer einsamen Höhle auf der Insel Kreta einen Sohn zur Welt und wickelte dann einen

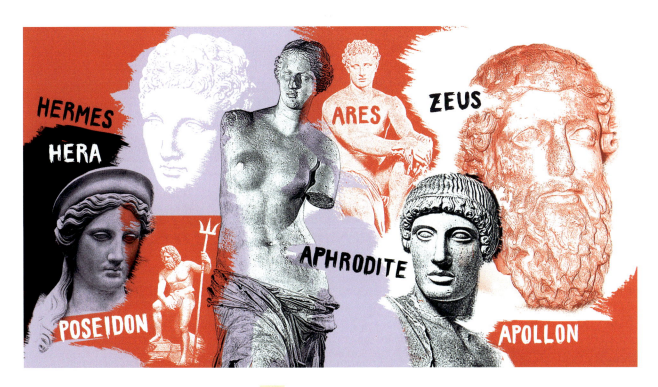

Stein von der Größe eines Neugeborenen in Tücher. Den gab sie Kronos, der glaubte sein Kind zu verschlingen. Auf diese Weise überlebte Zeus, der zukünftige Herrscher über die Götter im Olymp und die Menschen auf der Erde.
Er machte die Prophezeiung wahr und tötete seinen eigenen Vater. Doch vorher flößte er Kronos einen Zaubertrank ein, der alle seine verschluckten Kinder – die Götter, über die dann Zeus herrschen sollte – erbrach.

1 Erstellt einen Stammbaum zum griechischen Göttergeschlecht.

2 Kennt ihr griechische Götter, die nicht im Text genannt werden? Auch über sie gibt es Geschichten – informiert euch darüber: Einige könnt ihr oben erkennen.

3 Schreibt auf, wie ihr euch vorstellt, wie die Welt entstanden sein könnte. Ihr könnt auch ein Bild dazu malen.

Kapitel 3
Mythen, Seiten 62/63

Kapitel 4
Religionen (Judentum),
Seiten 76/77

Die Geschichten, mit denen sich Griechen vor bald 3 000 Jahren die Weltentstehung erklärten, nennt man heute Sagen oder Mythen*. Schöpfungserzählungen begegnen uns auch in der Hebräischen Bibel*. Dort wird von einer Schöpfung in sechs Tagen berichtet.
Religionen prägen mit ihren Vorstellungen über die Entstehung der Welt die Umgebung, deren Teil sie sind. Heute lesen viele Menschen Mythen wie Märchen; für andere haben sie eine besondere Bedeutung.

Erstes Kapitel | Woher kommt die Welt?

Was auf euch wartet

Na, alles wieder erkannt?

Ihr habt in diesem Kapitel einen Überblick gewonnen über die Dinge, die euch im Ethikunterricht erwarten. Habt ihr euch alles gemerkt? Die Übersicht auf dieser Seite soll dabei helfen:
• Zeichnet die Skizze auf ein großes Blatt Papier. Ihr könnt sie auch auf eine Overheadfolie übertragen.
• Tragt in die ovalen Überschriftsfelder Stichworte ein, die euch zu den Themen dieses ersten Kapitels einfallen.
• Fügt an bereits bestehende Felder weitere länglichrunde Kreise an: In die neuen Felder könnt ihr Begriffe und Ideen schreiben, die mit den bereits bestehenden Begriffen zu tun haben.
Das Bild, das so vor euren Augen entsteht, wird »Cluster« genannt. Es hilft, Ideen zu einem Thema zu sammeln, sie anderen mitzuteilen und sie sich einzuprägen.

Methode: Mindmapping
Ihr könnt inhaltliche Zusammenhänge noch genauer veranschaulichen, indem ihr bei der Anordnung der Stichworte besonders auf deren gedankliche Verbindung achtet – Stichworte werden durch Hauptäste, Zweige und Nebenzweige verbunden, so dass sich ihre Beziehungen auch in Worte fassen lassen. Mit einer solchen Übersichtskarte könnt ihr eigene Gedanken sichtbar machen. Wie Fäden eines Spinnennetzes werden einzelne Begriffe durch eure Gedanken miteinander verbunden. Ein solches gedanklich geordnetes Cluster wird »Mindmap« genannt.

Projekt: Tagebuch einer Woche

Wir wollen dich einladen, an einem Versuch teilzunehmen. In diesem Projekt geht es darum zu überprüfen, ob die im ersten Kapitel dargestellten Themen wirklich zu deinem Leben gehören. Dazu schreibst du zu jedem Tag der Woche einen kleinen Bericht – so als wenn du jeden Tag in dein Tagebuch schreiben würdest: Deine Aufzeichnungen sollen nicht nur an bestimmte Ereignisse erinnern, sondern dazugehörige Gedanken, Gefühle und Fragen in Worte fassen. Zum Beispiel: *Am 14. September hatte ich einen merkwürdigen Traum ...* Oder: *Am 16. September war ich richtig sauer, denn ...* – Am Anfang werden dir solche Sätze vielleicht schwer fallen; doch mit der Zeit bekommst du Übung darin. Nimm dir Zeit, suche einen ruhigen Platz und lass dich nicht stören. Denke gründlich nach, bevor du etwas aufschreibst.

1. Nach einer Woche könnt ihr euch eure Tagebücher vorstellen – natürlich nur, wenn ihr wollt. Dinge, dir ihr nicht erzählen wollt, müssen geheim bleiben dürfen!

2. Überlegt nun gemeinsam, welche eurer Geschichten, Erlebnisse, Gedanken und Gefühle zu welchen Seiten des ersten Kapitels passen. Vielleicht gibt es ein Thema, das ihr nun noch einmal genauer besprechen wollt.

Lesetipp

ANNE FRANK: Tagebuch (1942–1944), Frankfurt/Main: Fischer Taschenbuch Verlag 1998 (Die deutsch-jüdische Familie Frank flüchtet 1933 in das holländische Amsterdam und hält sich nach dem Einmarsch der deutschen Armee 1940 jahrelang in einem Hinterhaus versteckt. Dort beginnt die 13-jährige Anne Frank ein ungewöhnliches Tagebuch zu verfassen.)

Zweites Kapitel

Der Mensch in der Gemeinschaft

Unser Alltag ist abwechslungsreich und spannend.
Wir besuchen Orte, bereichern sie mit unseren Gedanken und
gestalten sie mit eigenen Ideen und Handlungen.
Dabei kreuzen sich Wege, die wir gemeinsam mit anderen begehen.
Tagtäglich schlüpfen wir in verschiedene Rollen.

1 Beschreibt, was diese Doppelseite über euch und andere Menschen aussagt.

2 Notiere oder gestalte auf einem leeren Papier dein persönliches Lebensmosaik.

Zusammensetzspiel

Ein Mosaik aus Ich und Du,
aus Wir und Ihr und Augen zu,
aus Hängtihnauf und Schießtihntot,
aus Weiß- und Schwarz- und Kuchenbrot,
aus Himmel, Hölle, Erdensand,
aus Feindesfuß und Bruderhand,
aus Dir und Mir und Mein und Du,
aus Traurig- und aus Glücklichsein:
setz zu dein Teilchen lebenslang
und kitt es mit Zusammenhang.

Günter Kunert: Ich Du Er Sie Es

Allein leben?

Allein sein – was Schüler/innen dazu meinen
»… macht mir Angst.«
»… ist langweilig.«
»… beruhigt und entspannt.«
»… toll, mal Zeit für mich.«

Lieber Benni,
wenn du diese Zeilen liest, sitzen wir schon im Flieger.
Müssen dringend für sieben Tage nach London!
Omas Telefonnummer hängt an der Pinnwand.
Du kommst doch alleine klar, oder?
Wir verlassen uns auf dich, Mama und Papa.
»Na Spitze …«, denkt Benni.

Beispiel Robinson Crusoe

Aus ganz unterschiedlichen Gründen können Menschen in Lebenslagen geraten, in denen sie alleine sind oder sogar lange Zeit völlig auf sich gestellt bleiben. Darüber schrieb 1719 der englische Schriftsteller Daniel Defoe den Roman »Robinson Crusoe«.
5 Dem Buch liegt eine wahre Begebenheit zugrunde:
Der Romanheld Robinson Crusoe strandet als einziger überlebender Schiffbrüchiger auf einer Insel. 28 Jahre lang muss er auf einer tropischen Insel in Südamerika leben, nahe der Mündung des Orinokostromes; 25 Jahre davon lebt er ohne Menschen – nur
10 mit seinen Tieren.

28 | Zweites Kapitel | Der Mensch in der Gemeinschaft

Was nun? Robinson denkt nach und vergleicht

Vorteile	Nachteile
Ich lebe; ich bin nicht im Meer ertrunken wie alle meine Reisegefährten.	Das Schicksal hat mich auf eine wüste Insel verschlagen, ohne Hoffnung, je befreit zu werden.
Ich bin von der übrigen Schiffsmannschaft getrennt worden, um dem Tode zu entgehen. Ich sterbe nicht vor Hunger; ich verschmachte nicht auf einem unfruchtbaren Boden, der keine Nahrung erzeugt.	Ich bin getrennt von der menschlichen Gesellschaft und gleichsam ausgestoßen, um ein elendes Leben zu führen. Ich gehöre nicht mehr zu den Menschen; ich bin ein Einsiedler, ein Verbannter.
Ich bin an einer Insel gestrandet, wo es keine wilden Tiere zu geben scheint, wie ich sie an der afrikanischen Küste gesehen habe; was, wenn ich dorthin verschlagen worden wäre?	Ich bin fast wehrlos und habe nur wenige Mittel, einem Angriff von Menschen und Tieren Widerstand zu leisten.
Ich lebe unter einem warmen Himmelsstrich, wo ich kaum Kleider brauchte, wenn ich welche hätte. Das Schiff wurde so nahe an die Küste getrieben, dass ich alles daraus bergen konnte, was zur Befriedigung meiner Bedürfnisse dient oder mich in den Stand setzt, solange ich lebe, selbst für mich zu sorgen.	Ich habe keine Kleider, um mich zu bedecken. Ich habe kein einziges Wesen um mich, mit dem ich sprechen oder das mich trösten könnte.

… und dann – nach 25 Jahren, unter gefährlichen Umständen – bekommt Robinson einen Gefährten, den er »Freitag« nennt. Drei Jahre lang werden sie noch so manches Abenteuer bestehen, bevor Robinson nach Hause zurückkehren kann.

1. Besprecht: Welche Vor- und Nachteile kann so ein Inselleben mit sich bringen? Nutzt dabei die obige Gegenüberstellung der Eindrücke Robinsons.

2. Tausche dich mit deinem Nachbarn darüber aus, wie sich Robinson gefühlt haben muss, als er nach so langer Zeit Freitag gefunden hatte.

3. Überlegt, was sich in Robinsons Leben durch die Begegnung mit Freitag geändert haben könnte?

4. Auch Bennis Alltag dürfte sich wegen der plötzlichen Reise seiner Eltern verändert haben: Wie wird er als moderner Robinson »überleben«? Schreibe selbst eine moderne Robinson-Geschichte. Wenn du Lust hast, illustriere sie.

> ▶◀ Aus unterschiedlichen Gründen können Menschen allein sein. Allein zu sein kann Furcht einflößen, aber auch ungeahnte Kräfte freisetzen. Vorübergehend kann Alleinsein eine Gelegenheit sein, sich zu entspannen und zu innerer Ruhe zu finden.

Mit anderen zusammenleben

Allein oder gemeinsam mit anderen?

Die Stachelschweine

Eine Gesellschaft Stachelschweine drängte sich an einem kalten Wintertag recht nahe zusammen, um, durch die gegenseitige Wärme, sich vor dem Erfrieren zu schützen. Jedoch bald empfanden sie die gegenseitigen Stacheln, welches sie dann wieder voneinander entfernte. Wenn nun das Bedürfnis der Erwärmung sie wieder näher zusammenbrachte, wiederholte sich jenes zweite Übel, so dass sie zwischen beiden Leiden hin und her geworfen wurden, bis sie eine mäßige Entfernung voneinander herausgefunden hatten, in der sie es am besten aushalten konnten.

Q   ARTHUR SCHOPENHAUER, deutscher Philosoph (1788–1860)

Die Geschichte ist ein Gleichnis*. Ihr könnt die Merkmale und Eigenschaften der Stachelschweine auf das menschliche Zusammenleben übertragen: Worte und Blicke können wie Stacheln sein, mit denen sich Menschen gegenseitig verletzen. Habt ihr euch schon einmal wie »unter Stachelschweinen« gefühlt?

Freundschaft!?

»Gute Freunde hab' ich viel, bis ich sie gebrauchen will.«

»Gute Freunde findet man nicht am Wege.«

»Wer einen guten Freund hat, braucht keinen Spiegel.«

Zweites Kapitel | Der Mensch in der Gemeinschaft

»Schön, dass es euch gibt!«

F ranz und Tina sind gute Freunde.
R ichtig gute Freunde seit drei Jahren.
E hrlichkeit prägt diese Freundschaft, genauso wie gegenseitige Achtung.
U nzertrennlich wurden sie durch ein gemeinsames Hobby.
N ach der 2. Klasse trennten sich die Eltern von Tina.
D adurch zogen ihre Mutter und sie in eine andere Stadt.
S chnell fand Tina neue «Freunde» in ihrer Klasse – na ja, eigentlich nur Kameraden.
C aroline saß neben ihr. Gemeinsam verband sie nur Unterricht.
H inzu kam, dass beide auch zu weit weg wohnten.
A nders war das mit Franz, der Junge mit gebrochenem Bein.
F ußball war sein Leben und Tinas auch, deshalb gingen sie gemeinsam zum Verein.
T rainieren konnte Tina zunächst nur ohne Franz; spielen durfte sie anstelle von Franz – und später mit ihm. Sie half Franz über traurige fußballlose Wochen. Heute verbringen beide viele Stunden zusammen. Allmählich entstand eine Freundschaft: begleitet von Kameradschaft, gegenseitigem Respekt und Unterstützung – zwischendurch nicht ohne Streit und Probleme. Vielleicht hält die Freundschaft für immer?

Fachübergreifend (Deutsch): Was ist ein Akrostichon?

Ein Akrostichon ist ein Text (meist ein Gedicht in Versen), der nach bestimmten Regeln geschrieben wird: Die Anfangsbuchstaben jeder Zeile ergeben von oben nach unten gelesen ein Wort oder einen Namen. Der Text in den waagerechten Zeilen erläutert das Wort, das man mit den senkrechten Anfangsbuchstaben lesen kann.

Daneben gibt es auch noch andere Gedichtformen, die ihr ausprobieren könnt: das »Elfchen« oder das Haiku – fragt im Deutschunterricht nach …

Ein Beispiel findet ihr oben.

---

1 Lass dich von den Fotos der linken Seite anregen: Wann bist du lieber allein – und was unternimmst du gern mit anderen? Vergleiche danach mit deinem Sitznachbarn.

2 »Komm mir nicht zu nahe!« – »Ich brauche dich jetzt!« Wähle einen dieser Aussprüche und gestalte ihn wie du möchtest: als Geschichte, Comic, Gedicht oder Liedtext.

3 Erstelle einen Merkmalkatalog für Freundschaft und Kameradschaft: Erarbeite den Unterschied.

4 Schreibe ein Akrostichon zur Kameradschaft.

→← Jeder Mensch möchte einmal allein sein – aber für immer? Wie langweilig! Eine Freundschaft dagegen kann das eigene Leben bereichern und hält manchmal ein ganzes Leben. Aber eine solch enge Beziehung meist zweier Menschen möchte gepflegt werden: Achtung, Vertrauen und Verständnis gehören ebenso dazu wie Anerkennung – und manchmal auch Streit.

Alte Menschen brauchen mich – ich brauche alte Menschen

Ein Mensch verändert sich im Laufe seines Lebens – manche sagen, er sei wie ein Baum im Laufe des Jahres. Vielleicht hast du schon mal von der »schönen Jahreszeit« gehört. Gemeint ist dabei die Phase des Alters.
Wie siehst du wohl in 60 Jahren aus? Nimm ein Foto von dir und verändere es.

Nebeneinander – miteinander – gegeneinander?

Um 1900 wurden die Menschen in Deutschland nur 46 Jahre alt; etwa 100 Jahre später betrug die Lebenserwartung bei Männern schon 74 und bei Frauen 80 Jahre. Häufig werden ältere Menschen in der Werbung als lebenshungrige Menschen dargestellt. Welche Beobachtungen hast du gemacht?

Heller: ehemalige deutsche Münze

Tröglein: kleines einfaches Holzgefäß

Der alte Großvater und sein Enkel

Es war einmal ein steinalter Mann, dem waren die Augen trüb geworden, die Ohren taub und die Knie zitterten ihm. Wenn er nun bei Tische saß und dessen Löffel kaum halten konnte, schüttete er Suppe auf das Tischtuch und es floss ihm auch etwas wieder aus dem Mund. Sein Sohn und dessen Frau ekelten sich davor und deswegen musste sich der alte Großvater endlich hinter den Ofen in die Ecke setzen, und sie gaben ihm sein Essen in ein irdenes Schüsselchen und noch dazu nicht einmal satt; da sah er betrübt nach dem Tisch und die Augen wurde ihm nass. Einmal auch konnten seine zittrigen Hände das Schüsselchen nicht festhalten, es fiel zur Erde und zerbrach. Die junge Frau schalt, er sagte aber nichts und seufzte nur. Da kaufte sie ihm ein hölzernes Schüsselchen für ein paar Heller; daraus musste er nun essen.
Wie sie da so sitzen, so trägt der kleine Enkel von vier Jahren auf der Erde kleine Brettlein zusammen. »Was machst du da?«, fragte der Vater. »Ich mache ein Tröglein«, antwortete das Kind, »daraus sollen Vater und Mutter essen, wenn ich groß bin.« Da sahen sich Mann und Frau eine Weile an, fingen endlich an zu weinen, holten alsofort den alten Großvater an den Tisch und ließen ihn von nun an immer mitessen, sagten auch nichts, wenn er ein wenig verschüttete.
Aus: Grimms Märchen

Methode: Einen Gegenstand durch Begriffe charakterisieren

Finde Wörter (Substantive, Adjektive oder Verben), die zum Thema gehören – zum Beispiel »Alter«: Negatives kannst du schwarz, Emotionales (Gefühle betreffend) rot, Optimistisches gelb schreiben. Danach suche dir einen Partner, einigt euch auf die wichtigsten zehn Begriffe. Sucht euch dann ein neues Paar. Einigt euch in der Vierer-Gruppe erneut auf die zehn wichtigsten Begriffe.
Gestaltet für eure Ethikhefter ein Blatt: Malt so genannte »Denkhüte«, tragt eure Begriffe in oder unter die Hüte ein und sucht passende Bilder dazu. Wer mag, kann eventuell sogar Sprichwörter finden und ergänzen.

1 Versetze dich in die Lage einer der Personen aus dem Märchen und beschreibe aus ihrer Perspektive* einen glücklichen und einen unglücklichen Tag.

2 Was bedeutet es, wenn man sagt: »Alt werden wollen alle, aber alt sein will keiner«?

Siehe oben ◀ 3 Diskutiert die Vorteile der »Hütchen«-Methode, wenn ihr ein Thema aus verschiedenen Blickwinkeln beleuchten wollt.

> Jung und alt – nur gemeinsam macht das Leben Spaß.
> Ihr habt mehr Kraft und meist noch eine starke Gesundheit – eure Großeltern oder ältere Nachbarn können mit anderen »Schätzen« aufwarten, die das gemeinsame Leben bereichern: Sie haben Erfahrungen, die allen hilfreich sind. Nutzt die Chance, voneinander zu lernen und miteinander zu leben.

Zweites Kapitel | Alte Menschen brauchen mich – ich brauche alte Menschen

Andere sind anders als ich

Pascal, 13 Jahre

Pascal ist weggelaufen

Zuhause hat er es nicht mehr ausgehalten. Sein Vater hat seit zwei Jahren keine Arbeit mehr, oft trinkt er schon vormittags. Wenn Pascal von der Schule kommt und Musik hört um sich zu erholen, schimpft der Vater und nicht selten schlägt er kräftig zu.
Jetzt ist Pascal auf dem Weg zum Kinder- und Jugendschutzbund – dort gibt es vielleicht Hilfe.

http://mein-Kummerkasten.de
(Seite 183)

Francesca lebt in Brasilien

Francesca, 11 Jahre

Ihre Eltern sind so arm, dass sie Francesca und ihre Geschwister nicht allein ernähren können. Eines Tages kam ein Mann aus einer großen Stadt. Er versprach für Francesca zu sorgen. Also haben Francescas Eltern ihre Tochter an den Mann verkauft. Mit dem Geld konnte die Familie eine Weile überleben. Francesca lebt nun in einer fremden Stadt. Von morgens bis abends pflückt sie auf der Kaffeeplantage Kaffeebohnen, gemeinsam mit vielen anderen Kindern. Dort, wo Francesca arbeitet und isst, schläft sie auch; Lohn erhält sie keinen.

Kevin will dazugehören

Kevin, 12 Jahre

»Zuerst habe ich so mit 10 heimlich probiert. Ich wollte einfach mal wissen, wie Rauchen so ist. War 'ne Enttäuschung, hat eklig geschmeckt und schlecht war mir. Fast hätte ich nie wieder geraucht, aber ich war 10 und gehörte zu einer Clique mit Großen. Und irgendwann reichten sie Bier herum – pfui war das bitter. Besser war Bibop oder die anderen süßen Alkopops. Absolut. Jedes Wochenende treffen wir uns bei Irgendeinem und genießen.«

Elisabeth faltet die Hände

In der Küche sitzen um einen Tisch fünf Personen – zwei Erwachsene und drei Kinder. Eines davon ist Elisabeth. Sie wollen gerade zu Mittag essen; nun falten sie ihre Hände und haben die Augen geschlossen, obwohl das Essen schon auf dem Tisch steht. Komisch – was geht hier nur vor?

Sophie liest anders

Sophie hatte vor fünf Jahren einen Unfall, bei dem sie ihr Augenlicht verlor. Es war schrecklich, besonders am Anfang. Gerade hatte sie in der Schule viel Spaß am Lesen gefunden und auf einmal war alles um sie dunkel.
Heute geht Sophie auf eine Schule für Blinde – und eines ihrer Hobbys ist das Lesen. Denn fast alle wichtigen Bücher gibt es heute auch in Blindenschrift.

Elisabeth, 13 Jahre

In Blindenschrift: Sophie liest ein Buch.
Im 19. Jahrhundert entwickelte LOUIS BRAILLE, der selbst im Alter von drei Jahren erblindete, eine abtastbare Punktschrift, die so genannte Blindenschrift. Ihre Buchstaben werden nicht durch Linien voneinander getrennt und sind auf die meisten Sprachen übertragbar.

Sophie, 11 Jahre

1 Was erfährst du über die fünf Kinder? Vergleiche mit deiner eigenen Lebenssituation.

2 Überlegt, worin die Kinder sich unterscheiden – und was ihnen gemeinsam ist: Nennt dann Beispiele, was die fünf voneinander lernen und wie sie sich gegenseitig unterstützen können.

3 Stell dir vor, du triffst auf die genannte Gruppe: Was kannst du von dir berichten und wie möchtest du dich in die Gruppe einbringen?

> Jeder Mensch ist anders, hat seine eigene Geschichte; doch immer gibt es auch Gemeinsames. Nimm dir die Zeit, deinen Nachbarn kennen zu lernen, dich in ihn einzufühlen und du wirst merken: Die Aufmerksamkeit auf das Gegenüber schafft Nähe und verbindet.

Andere lernen anders als ich

Ist das Gedächtnis ein Sieb – oder: Was behalten wir im Kopf? 10 Prozent von dem, was wir lesen; 20 Prozent von dem, was wir hören; 30 Prozent von dem, was wir sehen; 50 Prozent von dem, was wir hören und sehen; 70 Prozent von dem, was wir selber sagen; 90 Prozent von dem, was wir selber tun.
Merke: Je mehr du in den Unterricht mit einbezogen wirst, desto mehr behältst du. Viel sprechen und »machen« bringt mehr als nur zuhören und an die Tafel gucken.

Anders lernen – na und?

Seite 35 ◀

Erinnere dich an Sophie: Sie sieht seit fünf Jahren nicht mehr – und kann trotzdem die Schule besuchen. Wie kann das sein?
Menschen nehmen die Umwelt über ihre Sinne wahr: Der eine kann sich gut auf Hörbücher konzentrieren, die andere liest vielleicht lieber, weil
5 sie dann die Buchstaben sieht – es gibt unterschiedliche »Lerntypen«. Vielleicht bist du wie Toni: Er malt besonders gern Bilder, die dem Original sehr ähnlich sind. Er hat eine lebhafte Vorstellungskraft und lässt sich gern vorlesen. Toni mag Fantasiespiele, konnte sich aber in der 1. Klasse das Aussehen der Buchstaben überhaupt nicht merken. Oft träumt er im
10 Unterricht vor sich hin und gerät dadurch mit dem Lehrer aneinander. Deutsch ist nicht sein Lieblingsfach, da ihm das Lesen und Schreiben schwer fällt.

1 Welche Sinne sind bei Sophie besonders ausgeprägt? Stelle Sophie ein Gedicht vor. Nutze dazu auch die vorhergehende Seite.

2 Welche Stärken oder Schwächen hat Toni? Welcher Lerntyp könnte er sein? Wie kann er für Deutsch oder Mathe lernen?

Seiten 170/171 ◀ 3 Ihr habt gesehen: Es gibt unterschiedliche Lerntypen: Wie beurteilt ihr vor diesem
Wir sind nicht alle gleich Hintergrund die Chancen- und Lerngerechtigkeit in eurer Schule? Macht bei Bedarf Änderungsvorschläge.

Gemeinsam und aktiv geht es leichter

1. Du liest einen Text ein paar Mal durch.
2. Dein Lehrer trägt längere Zeit etwas vor.
3. Du siehst einen Film im Geografieunterricht.
4. Du baust eine elektronische Schaltung auf.
5. Du liest die englischen Vokabeln ein paar Mal durch.
6. Du schlägst ein Wort im Wörterbuch nach.
7. Du fertigst eine Zeichnung an.
8. Ein Mitschüler erklärt dir etwas.
9. Du schaust dir die Abbildung im Lehrbuch genau an.
10. Du schreibst die englischen Vokabeln auf.
11. Deine Lehrerin erklärt dir etwas.
12. Jemand macht dir eine Turnübung vor.
13. Die neuen Regeln hängen auf Plakaten im Klassenraum.
14. Du siehst im Fernsehen ein Musikvideo.
15. Du hörst einen Sketch.
16. Du schreibst aus einem Text Stichwörter heraus.

Was bleibt haften und warum ist das so?

»Gar nicht wird gar nicht zusammengeschrieben.«
Auch »Eselsbrücken« können helfen, die eigene Merkfähigkeit zu erhöhen.

1 Stelle Vermutungen an, ob dir von den oben genannten Beispielen vieles, manches oder nur weniges im Gedächtnis bleibt.

2 Vergleiche die Ergebnisse zu Aufgabe 1 mit den Antworten deiner Mitschüler/innen und suche nach Gründen für deine Angaben: Welche Anhaltspunkte gibt es, dass du ein bestimmter »Lerntyp« bist?

3 Findet »Eselsbrücken« und sortiert nach Fächern.

4 Sammelt weitere Lern- und Merkmethoden: Schreibe dazu jede einzelne Methode auf eine Karteikarte – in Rot die Überschrift, darunter alles Wichtige. Jetzt könnt ihr alle ausgefüllten Karteikarten sammeln und vielleicht sogar einen eigenen Lernkarteiständer aus Holz bauen …

> Du weißt jetzt, wie du am besten Informationen behalten oder unter welchen Voraussetzungen du dir überhaupt etwas merken kannst. Nutze diese Erkenntnisse in Zukunft und überlege, wer dir bei möglichen Lernschwierigkeiten helfen kann. Setze dir selbst Ziele und werde aktiv – beim Planen, Umsetzen und Auswerten deiner Lern- und Merkschritte. Viele Schulen bieten eigene Hilfsangebote an – zum Beispiel »Schüler helfen Schülern«, Förderunterricht oder Lernprogramme. Erkundige dich, was es in deiner Umgebung für Möglichkeiten gibt und wann sie stattfinden.

Freizeit gestalten

Der 13-jährige Thanissaro ist Novize (Neuling) in einem buddhistischen Kloster in Thailand. Der gleichaltrige Paul lebt in einem kleinen Ort in Brandenburg. Beide schildern ihren Tagesablauf:

Thanissaro: Mein Tag im Kloster

5.00 Uhr Der Weckgong ertönt, die Novizen stehen auf, waschen sich.
5.30 Uhr Auf dem Bettelgang erhalten die Novizen Essen für Frühstück und Mittagessen.
6.30 Uhr In der großen Tempelhalle beginnt das morgendliche Singen heiliger Schriften.
7.30 Uhr Das gemeinsame Frühstück beginnt. Danach werden kleinere Arbeiten auf dem Klostergelände erledigt – zum Beispiel: Wege fegen oder in der Küche helfen; manche machen Hausaufgaben.
11.00 Uhr Mittagessen im Kloster; danach Mittagspause.
13.00 Uhr Die Schule beginnt – zum Beispiel Englisch, Geschichte, Physik und Pali (die Sprache unserer heiligen Schriften).
15.45 Uhr Freizeit: Zeit zum Fußball oder Frisbee spielen oder zum Nichtstun.
16.35 bis 16.50 Uhr Meditation.
17.00 Uhr Unterricht über Buddhas Lehren
18.00 Uhr Abendgesänge – und dann Bettruhe (wann jeder möchte …).

Paul: Mein Tag in der Familie

Gestern habe ich meine Mutter gefragt, was sie sich zum Geburtstag wünscht. Zur Antwort bekam ich: »Ruhe und eine Stunde pro Tag mehr.« Aber der Tag hat nur 24 Stunden. Meine Mutter sagt, dass der Alltag sehr häufig beweist, dass nicht viel Zeit bleibt für ein Miteinander unter Freunden oder in der Familie. Sie kennt Menschen, die durch zu viel Arbeit und zu wenig Erholung krank wurden. Einige suchen einen Ort der Stille auf, um wieder Halt in ihrem Leben zu finden; andere gehen für kurze Zeit in ein Kloster, um Kraft zu »tanken«.
Und was ist mit mir? Jeden Tag stehe ich um 6.00 Uhr auf – dann heißt es schnell waschen, anziehen, frühstücken; sonst ist der Bus um 6.40 Uhr abgefahren. Von 7.30 bis 14.00 Uhr ist gewöhnlich Schule. Dann geht's schnell nach Hause – zu Mittag essen, Hausaufgaben machen, dabei Musik hören und dann Fußball spielen. Um 19.00 Uhr gibt's Abendbrot, vorher muss ich noch den Geschirrspüler ausräumen und mit unserem Hund hinausgehen. Um 20.15 Uhr gehe ich auf mein Zimmer …

In der Freizeit lernen?

Die Gestaltung der Freizeit hat sich im Verlauf der Zeit enorm verändert: vom gemeinsamen Erzählen von Geschichten über Wollpüppchen basteln, Familie spielen bis hin zu Lesen, Kartfahren und Musik hören. – Schließen eigentlich Freizeit-Aktivitäten das Lernen neuer Dinge aus?

Seite 17 (Pantomime)

1. Stelle deinen Mitschülern deine Hobbys vor – zum Beispiel als Pantomime oder in einem Rätsel.

2. Forsche nach: Gibt es an deiner Schule Möglichkeiten für eine interessante Freizeitgestaltung?

3. Welche Orte in deiner Umgebung sind es wert, dass du sie mit deinen Freunden oder deiner Familie besichtigst? Stelle diese Orte in Form eines kleinen Werbeplakates vor.

4. Vergleiche den Tag von Thanissaro oder Paul mit deinem bisherigen Tagesablauf: Finde Pflichten genauso wie Freizeitbeschäftigungen. Stelle dann einen neuen Plan auf, in dem deine Schularbeiten in einem ausgewogenen Verhältnis zu den Ruhephasen stehen.

5. Was ist dir bei der Planung noch nicht gelungen – was waren deine »Stolpersteine«? Wie kannst du sie aus dem Weg räumen und wer könnte dabei helfen?

> Freizeit ist mehr als freie Zeit – sie ist eine Möglichkeit, sich zu entspannen und vom Alltag zu erholen. Für viele ist diese Zeit sehr wertvoll; darum lassen sie die Zeit nicht einfach verstreichen, sondern nutzen sie, indem sie genau abwägen, wann, wo und mit wem sie sich erholen möchten.
> Häufig kommt es vor, dass Menschen gerade in der Freizeit ihre Stärken ausleben und ausbauen oder Neues für sich entdecken – diese Erfahrungen bilden eine Bereicherung für das eigene »Ich« und eine Stärkung für den Alltag.

Typisch Junge – typisch Mädchen?

Auf dem Fußballfeld

Der 13-jährige Benny verbringt die Sommerferien bei seinem Großvater, dem Leuchtturmwärter, in einem irischen Küstendorf. Dort lernt er Babe kennen – und die ist ganz anders als alle Mädchen, die er bisher kennen gelernt hat:

Die Mannschaften nahmen schlurfend eine Art Aufstellung. Benny ging automatisch in die Position des Stürmers. Wahrscheinlich würden sie ein gewaltiges Monstrum von einem Kerl auf ihn ansetzen. Aber daran war er durch die Spiele gegen die Christian Brother School zu Hause in Wexford gewöhnt. […] »Wen hab ich?«, rief er zu Paudie hinüber, der gerade einen kampflustigen Widder vom Spielfeld schob. »Mich«, sagte eine Stimme. Benny schaute nach unten. Die Elfe. »Dich?« »Probleme damit, Städter?« […]
Der Ball flog ins Spiel. Benny war so einfältig anzunehmen, dass sie strategisch spielten, und blieb auf seiner Position. Die anderen stürzten in die Mitte und verschwanden in einem Gewühl sich windender Gliedmaßen. Babe brannte darauf, sich in das Getümmel zu stürzen. […]
Das Knäuel von Körpern auf dem Spielfeld erinnerte an Kampfszenen in einem Comic und Benny erwartete, dass über dem Staub floureszierende Sterne und die Worte ZACK! BOING! BUMM erschienen. Kaum zu glauben, aber es war Babe, die mit dem Ball aus dem Gewühl auftauchte. […]
Babe hatte ihn ausgetrickst und war schon halben Wegs am anderen Ende des Spielfelds. […]
»Eins zu null. Deine Schuld, Benny. Babe ist dein Mann. Also, aufgepasst beim Anspiel …«

Eoin Colfer: Benny und Babe

Junge oder Mädchen?

Im Ballett

Ouvertüre: Eröffnungsstück

Frau Tiebel fängt gerade auf dem Klavier an, die Ouvertüre. […]
Die Tür geht auf und ein Typ stürzt mit ihr herein. Ein Junge, knallrot im Gesicht, und er kommt vor Frau Tiebel gerade noch zum Stehen. […]
Frau Tiebel sagt ganz schlau: »Wen haben wir denn da?« Und der Junge sagt: »Den Tim haben wir da.« […]
Ein Junge! Das ist noch nie da gewesen. Irgendwie habe ich das Gefühl, dass ich ihn kenne, schon ewig, so als wären wir alte Freunde, nichts Fremdes. Aber das liegt vielleicht daran, dass ich es so toll finde, dass er echt tanzen will, ein Junge, der einzige in unserem ganzen Haufen. […]
Frau Tiebel ist auch begeistert und führt ihn zu den Umkleiden und, klar, da geht gleich das große Geflüster und Gekicher los bei den anderen. Ein Junge im Ballett!«

Thomas Brinx und Anja Kömmerling: Alles Machos – außer Tim!

Mädchen oder Jungen?

Die genannten Charaktereigenschaften oder Verhaltensweisen können Jungen oder Mädchen zugeordnet werden. Eine eindeutige Zuordnung ist gar nicht so einfach, oder?

1. Bildet jeweils eine Jungen- und eine Mädchengruppe: Tragt diejenigen Eigenschaften zusammen, die als »typisch« für Mädchen und Jungen gelten. Stellt eure Ergebnisse anschließend der Gesamtgruppe vor.

2. Denke über folgendes nach: Dürfen Jungen und Mädchen anziehen, was sie wollen? Was passiert, wenn ein Kind sich nicht nach den üblichen Regeln richtet?

3. Diskutiert, ob es Unterrichtsfächer gibt, in denen Mädchen oder Jungen bevorzugt werden?

4. Prüft, wie unter euch das Verhältnis zwischen Mädchen und Jungen ist: Bringt Vorschläge ein, die zu einer Verbesserung des Klimas führen können.

Versetze dich in die Lage eines Mädchens oder eines Jungen (Wechsel der Perspektive*): Wie stellst du dir einen Tag im Leben des oder der anderen vor?

> Ihr habt ein biologisches Geschlecht – damit gehen Merkmale und Eigenschaften einher, die euch als Jungen oder Mädchen auszeichnen. Dennoch verbinden euch viele Gemeinsamkeiten, Vorlieben und Interessen, die so gar nicht in das Raster »typisch Junge – typisch Mädchen« passen. Und denkt daran: Auch Jungen dürfen weinen, wenn sie Kummer haben – und Mädchen können tolle Fußballspielerinnen sein …

Leben in der Familie

Familie ist

… wenn alle alles teilen.
… Geborgenheit.
… wie Freundschaften.
… zum Spaß haben.
… zum Trauern.
… zum Feiern da.
… zum zusammenhalten.
Denise (12 Jahre)

… wenn die Eltern sich lieben und ihre Kinder nicht aussetzen.
Friedemann (11 Jahre)

… wenn man immer gemocht wird.
Christin (13 Jahre)

… wenn man Zeit miteinander verbringt, ein Haus baut, zusammen spielt, in den Urlaub fährt.
Matthias (11 Jahre)

… wenn die Freundin meines Vaters mit ihrem Sohn zu uns zieht.
Kevin (12 Jahre)

… etwas ganz besonderes, weil man ältere Menschen hat, die uns lehren, wie man sich benimmt und uns helfen.
Marina (12 Jahre)

Aus einer Umfrage unter Schülerinnen und Schülern der 6. Klasse

Familie im Wandel

Was sind Patchwork-Familien?
Patchwork (englisch): ein aus bunten Flicken zusammengesetzter Stoff. In Patchwork-Familien leben außer den gemeinsamen Kindern auch Kinder aus früheren Beziehungen der Eltern.

Du kennst bestimmt das Märchen vom Aschenputtel. Erinnerst du dich, wie das arme Mädchen von ihrer bösen Stiefmutter behandelt wurde? Wenn sich heute Familien trennen und dann neu ordnen, gibt es das normalerweise nicht: dass die »Stiefkinder« schlecht behandelt werden. Natürlich treten Probleme auf – wie in jeder anderen Familie auch. Nur: Passt der Name »Stiefmutter« noch in die heutige Zeit?

1. Findet heraus, welche Familientypen auf den Bildern dargestellt sind.

2. Weltweit gibt es 125 SOS-Kinderdörfer, in denen über 20.000 Kinder und Jugendliche in neuen Familien leben: Informiert euch über diese ungewöhnliche Lebensform.

www.sos-kinderdorf.de

3. Stelle Vermutungen an, was die auf dieser Doppelseite abgebildeten Familienmitglieder gerade erlebt haben: Suche dir ein Foto aus und schreibe dazu Sprechblasen. Notiere darunter auch mögliche Probleme, die die Familie gemeinsam lösen muss.

Zweites Kapitel | Leben in der Familie

Leben in der Familie

Familie – wie funktioniert das?

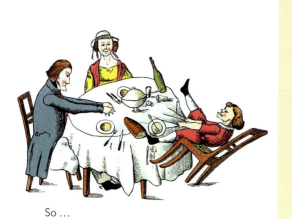

So …

… oder so?

In einer Familie erfüllt jeder bestimmte Aufgaben. Gemeinsam können sich ihre Mitglieder darüber verständigen, wer wann welche Aufgaben erfüllen kann:

Aufgabe	Wer?	Wie oft?	Mo	Di	Mi	Do	Fr	Sa	So
Tisch decken	Mama Paul	täglich	v	v	v	v	v	v	v
Wäsche waschen	Papa	2× wöchentl.			v		v		
Bad putzen	Papa	1× wöchentl.				v			
Mittagessen kochen	Mama Papa	täglich	v	v	v	v	v	v	v
Frühstück machen	Mama Papa	täglich	v	v	v	v	v	v	v
Einkaufen	Mama	2× wöchentl.	v				v		
Abendbrot machen	Mama Papa	täglich	v	v	v	v	v	v	v
Blumen gießen	Paul	2× wöchentl.	v				v		
Kinderzimmer aufr.	Anja Paul	2× wöchentl.				v			v
Bügeln	Mama	1× wöchentl.				v			
Papier/Glas entsorgen	Anja	1× wöchentl.					v		
Müll hinausbringen	Paul	2× wöchentl.				v			v
Spülmaschine ausr.	Anja Mama	täglich	v	v	v	v	v	v	v

1. Liste auf, was dieser Plan »erzählt«.

2. Suche die Pflichten der Kinder heraus und vergleiche mit deinen Pflichten.

3. Welche Vorteile bringt dieser Plan?

4. Was würdest du mit deiner Familie unternehmen wollen, wenn ihr einen freien Tag habt – zum Beispiel an einem Wochenende?

»Friede, Freude, Eierkuchen«?

Erinnerst du dich an deine letzte Familienfeier? Fast alle waren gekommen, haben gelacht, erzählt, gegessen – war das ein Spaß! Doch in vielen Familien gibt es diese Freude nicht mehr. Probleme türmen sich auf: Arbeitslosigkeit, Geldmangel, Gewalt oder Trennungen (weil sich die Eltern nicht mehr verstehen). Eltern, die sich für immer trennen, lassen sich häufig scheiden: Einige erwarten von ihren Kindern, dass sie sich entscheiden, wen man lieber hat – Mutti oder Vati? Nur – wie soll das gehen?

Kinder, die einen Elternteil oder Geschwister verlieren, haben es schwer: Häufig fühlen sie sich allein gelassen oder schuldig; viele fürchten sich vor Umzügen und einem Schulwechsel. Deshalb helfen Beratungsstellen, diese Kinder wieder stark zu machen und ihnen Lebensfreude zurückzugeben.

Seite 182 ◀
Adressen, die helfen

Die Familie ist eine sehr alte Form des Zusammenlebens. »Familie« nennt man eine Gemeinschaft von Menschen, die durch Abstammung, dauerhaftes Zusammenleben, Heirat oder gemeinsame Nachkommenschaft verbunden sind.

Im Laufe der Jahrhunderte hat sich die Familie sehr gewandelt: Vielleicht weißt du von eurer Familie, dass sie vor vielen Jahren in einem Haus lebte – zum Beispiel mit sechs Kindern, den Eltern, den Großeltern und Hausangestellten? Heute finden wir immer mehr Kleinfamilien oder »Patchwork«-Familien.

In der Regel sorgen Eltern für ihre Kinder und erziehen sie. Auch die Kinder haben, neben ihren Rechten, Pflichten, die sie in der Familie erfüllen müssen. Häufig kommt es dabei auch zu Konflikten – gegenseitige Liebe, Respekt und Achtung voreinander sind eine wichtige Voraussetzung, die Probleme zu lösen. Wenn alle Familienmitglieder die Rechte der anderen achten und ihre eigenen Pflichten ernst nehmen, bildet die Familie einen Ort der Gemeinschaft – und oft der Geborgenheit.

Jeder wie er will?

1. Regeln

Nachdem ihr Ordnung in die chaotische Situation gebracht und Straßenverkehrsregeln aufgestellt habt, können alle Verkehrsteilnehmer/innen sicher zur Arbeit oder zur Schule kommen.
Für viele Situationen des Alltags gibt es »Regeln« – sie fördern die Sicherheit, schützen das Leben, die Gesundheit und das Eigentum der Menschen. Regeln enthalten Richtlinien, die zu einem bestimmten Verhalten verpflichten: im Straßenverkehr und im Sport, beim Lernen, Arbeiten oder Spielen. Stell dir nur einmal vor, was passieren würde, wenn das Chaos auf der Zeichnung oben in alle deine Lebensbereiche einziehen würde – wenn jeder machen würde, was ihm oder ihr gerade in den Sinn kommt oder am Angenehmsten erscheint. Würdest du dann noch Spaß haben? Wie würden die anderen reagieren? Wäre ein friedliches Miteinander überhaupt möglich?
Viele Richtlinien sind schriftlich festgehalten – zum Beispiel auf Verkehrsschildern oder als Spiel- oder Sportregeln; andere beruhen auf mündlichen Überlieferungen oder gemeinsam getroffenen Abmachungen zwischen Menschen.

Werdet zu Verkehrsplanern: Nehmt die Zeichnung als Grundlage und entwerft eine Verkehrsführung, mit der viele Verkehrsteilnehmer/innen zufrieden sein können.

Sucht euch drei Verkehrszeichen oder Gesellschaftsspiele aus und erläutert, welche Regeln sie beinhalten.

Zweites Kapitel | Der Mensch in der Gemeinschaft

2. Die Goldene Regel

»Was du nicht willst, das man dir tu, das füg auch keinem andern zu.« So heißt es in einem bekannten Sprichwort – diese »Goldene Regel« ist eine der ältesten Richtlinien des menschlichen Miteinanders. In einer jüdischen Schrift aus dem zweiten vorchristlichen Jahrhundert liest sie sich so: »Was du selbst nicht erleiden möchtest, füge auch keinem anderen zu!« Im Christentum lautet eine Fassung: »So wie ihr von den Menschen behandelt werden möchtet, so behandelt sie auch.«

Tobit 4, 15 (Hebräische Bibel*)

Matthäus 7, 12 (Neues Testament)

3. Andere »goldene« Regeln

»Jeder Mensch gilt in dieser Welt nur so viel, als wozu er sich selbst macht«, schreibt ADOLPH FREIHERR VON KNIGGE in seinem Buch »Über den Umgang mit Menschen«. Das Buch erschien im 18. Jahrhundert und erlebte bis heute hohe Auflagen.

Enthülle nie auf unedle Art die Schwächen deiner Nebenmenschen, um dich zu erheben! Ziehe nicht ihre Fehler und Verirrungen an das Tageslicht, um auf ihre Unkosten zu schimmern!«
Sei streng, pünktlich, ordentlich, arbeitsam, fleißig in deinem Berufe! Bewahre deine Papiere, deine Schlüssel und alles so, dass du jedes einzelne Stück auch im Dunkeln finden könntest! Verfahre noch ordentlicher mit fremden Sachen! Verleihe nie Bücher oder andre Dinge, die dir geliehen worden […].
Jedermann geht gern mit einem Menschen um und treibt Geschäfte mit ihm, wenn man sich auf seine Pünktlichkeit in Wort und Tat verlassen kann.
Mache einigen Unterschied in deinem äußern Betragen gegen die Menschen, mit denen du umgehst, in den Zeichen von Achtung, die du ihnen beweisest. Reiche nicht jedem deine rechte Hand dar […]. Drücke nicht jeden an dein Herz. Was bewahrst du den Bessern und Geliebten auf, und wer wird deinen Freundschaftsbezeigungen […] Wert beilegen, wenn du so verschwenderisch in Austeilung derselben bist?

Meinungen
»Höflichkeitsregeln sind doch altmodisch.«
»Sicher, früher gab es andere Regeln als heute, besonders zwischen Kindern und Erwachsenen.«
»Wenn ich überlege, was manchmal in unserer Klasse abgeht – einige Regeln könnten helfen …«
Schülerinnen und Schüler einer 6. Klasse

1. Arbeite den Unterschied in den Fassungen der Goldenen Regel heraus und überlege dir für jede Fassung ein Beispiel aus dem Alltag.

2. Diskutiert in der Gruppe, warum ein Leben nach der Goldenen Regel innerhalb eurer Klasse eine Chance für alle sein könnte.

3. Erstellt in Gruppenarbeit einen eigenen »Knigge« für eure Klasse – bezieht dabei auch die Goldene Regel ein: Präsentiert die Ergebnisse einfallsreich und anschaulich.

4. Vergleicht die auf dieser Seite vorgestellten Regeln mit den Verkehrs- und Spielregeln auf Seite 46: Wo findet ihr Gemeinsamkeiten, wo Unterschiede? Diskutiert, ob die Goldene Regel und die Höflichkeitsregeln verzichtbar sind.

Jeder wie er will?

Kodex Hammurabi – ein Bruchstück der Gesetzessammlung in Keilschrift (um 1700 v. Chr.)

Titelseite des Strafgesetzbuches

4. Gesetze – früher und heute

Schon vor unserer Zeitrechnung gab es viele Rechtsvorschriften, die von Herrschern erlassen wurden. Der babylonische König Hammurabi ließ seine Gesetze in Stein meißeln. Die Säule, die das vollständige Gesetzeswerk enthält, ist die älteste erhaltene Gesetzessammlung der Welt – sie ist heute in einem Pariser Museum ausgestellt.

§ 22 Gesetzt, ein Mann hat geraubt und ist dabei gefasst worden, so wird selbiger Mann getötet.
§ 200 Gesetzt, ein Mann hat einem anderen ihm gleichstehenden Mann einen Zahn ausgeschlagen, so wird man ihm einen Zahn ausschlagen.
§ 233 Gesetzt, ein Baumeister hat für einen Mann ein Haus gebaut, sein Werk aber nicht haltbar gemacht und eine Wand ist eingefallen, so wird selbiger Baumeister von seinem Gelde selbige Wand befestigen.
Q Kodex Hammurabi (Auszug)

Auch bei uns gibt es Bücher über Rechte und Pflichten, Vorschriften und Gesetze – so zum Beispiel das Grundgesetz, das Bürgerliche Gesetzbuch und das Strafgesetzbuch.

§ 223 Wer vorsätzlich einen anderen körperlich misshandelt oder an der Gesundheit beschädigt, wird wegen Körperverletzung mit Freiheitsstrafe bis zu fünf Jahren oder mit Geldstrafe bestraft.
§ 303 Wer rechtswidrig eine fremde Sache beschädigt oder zerstört, wird mit Freiheitsstrafe bis zu zwei Jahren oder mit Geldstrafe bestraft.
Q Aus dem Strafgesetzbuch der Bundesrepublik Deutschland (Auszug)

1 Gib mit eigenen Worten den Inhalt der Paragraphen wieder.

2 Unterscheide verschiedene Arten von Strafen in den Gesetzeswerken und äußere deine Meinung zu den Strafen, die Hammurabi erließ.

3 Gesetze kommen ohne Strafandrohung nicht aus – tauscht euch über die Gründe aus. Erläutert, welche Ziele Gesetze haben müssen.

5. Gesetze und Regeln in der Schule

Das ist auch Schulalltag …

Wegschauen oder reagieren?

Das Grundgesetz sieht das Recht auf Bildung vor – dieses Recht ist auch in den einzelnen Bundesländern noch einmal eigens verankert. Jedes Bundesland verfügt über ein Schulgesetz – auf dieser Grundlage beruhen auch die Hausordnungen für Schulen.

Unsere Hausordnung – Leitgedanken

• Jedes Miteinander von Menschen bedarf einer Ordnung. Das gilt auch für das Miteinander von Schüler(inne)n und Lehrer(inne)n in der Schule. Das Verhältnis zwischen Schülern und Lehrern ist nicht nur im Unterricht auf gegenseitiges Vertrauen angewiesen. Es ist darum im Interesse eines Klimas der Rücksichtnahme und Fairness sowie Toleranz* notwendig, dass Lehrer, Schüler und Eltern dieses Vertrauensverhältnis gleichermaßen schützen.
• Das Auftreten von Lehrern und Schülern sollte stets dem guten Ansehen unserer Schule in der Öffentlichkeit entsprechen.
• Unsere Hausordnung soll eine Grundlage für die Gestaltung des schulischen Lebens sein, aber auch eine vernünftige Basis für die Vermeidung und Lösung möglicher Konflikte darstellen.

Q Aus der Hausordnung einer Schule in Leipzig

1 Arbeitet heraus, was die Hausordnung einer Leipziger Mittelschule über Notwendigkeit und Ziele aussagt.

2 Forscht in eurer Hausordnung nach: Welche Bereiche des Schulalltags kommen vor? Überprüft, ob die Hausordnung alle Beteiligten gleichermaßen berücksichtigt.

3 Im Schulgesetz gibt es so genannte »Erziehungs- und Ordnungsmaßnahmen« für grobe Regelverstöße: Informiert euch darüber.

4 Überlegt, wie ihr auf die in den Fotos gezeigten Situationen reagieren würdet: Diskutiert anschließend über die Vorschläge und »Maßnahmen«.

Jeder wie er will?

Die Kinderstadt

Es war einmal eine wundersame Stadt. In dieser Stadt lebten nur Kinder. Und auf dem Eingangsschild der Stadt stand geschrieben: »Erwachsene nur mit ausdrücklicher Erlaubnis der Stadtverwaltung!« Immer wenn ein Erwachsener in die Stadt wollte, musste er sich langwierigen Genehmigungsprozeduren unterziehen. Das konnte Jahre dauern und am Schluss wurde er oft dennoch abgewiesen.

Hatte er es aber geschafft, bekam er ein Visum für drei Tage und konnte einreisen. Hatte er endlich alle Eingangskontrollen passiert, bekam er ein Zimmer im Erwachsenenhotel.

In den drei Tagen durfte er sich umsehen, wo er wollte. Aber nie war er ohne Aufsicht. Er erhielt ein in diesen Dingen äußerst erfahrenes Kind als Begleiter, das immer an seiner Seite blieb. Da Erwachsene wegen ihrer Größe natürlich sofort auffallen, wurden sie, wenn sie ohne Begleitung gingen, sofort von der Kinderpolizei, die nur für diesen Zweck da war, aufgegriffen und ausgewiesen. Die Erwachsenen hatten zudem große Schwierigkeiten, sich an das Stadtleben zu gewöhnen. Dauernd musste ihr Begleiter eingreifen, sie warnen, ermahnen und belehren. Deshalb hatten die älteren Kinder, die schon schreiben konnten, ein Papier drucken lassen, auf dem Verhaltensregeln standen:

1. Du bist Gast in der Kinderstadt. Verhalte dich entsprechend.
2. Fluche nie, wenn du dich an Decken oder Türen stößt, die zu klein für dich sind.
3. Beschwere dich nie über Unordentlichkeit.
4. Pass auf, dass du mit deinen dicken Füßen nicht einem Kind auf die Zehen trittst.
5. Beantworte alle Fragen, die an dich gestellt werden, auch wenn sie dir dumm vorkommen.
6. Sage nie: »Ich habe keine Zeit.«
7. Wenn du nicht weißt, was du zu tun hast, denke immer an den Spruch: Vorsicht! Kinder! Dann handelst du immer richtig.

Hauptzweck der Erwachsenen war es natürlich, herauszufinden, warum es keinen Streit und Zank in der Kinderstadt gab. Viele erwachsene Gelehrte stritten sich über den Grund. Die einen führten es darauf zurück, dass keine bösen Erwachsenen da waren, von denen die Kinder lernen konnten. Andere meinten, es läge irgendein Stoff in der Luft der Kinderstadt, der diese so friedlich machte. Wieder andere behaupteten gar, dass die Kinder in der Kinderstadt keine Menschen seien, denn es gäbe nun einmal keine Menschen, die nicht böse seien. Und noch andere sagten, alles hätte mit den Spielen der Kinder zu tun. […]

Q Nach Thomas Klocke und Johannes Thiele

1 Wie gefällt dir das Leben in der Kinderstadt? Hältst du die Darstellung des Stadtlebens für wirklichkeitsnah?

2 Suche alle Regeln, Gebote und Verbote heraus, die für die erwachsenen Besucher aufgestellt wurden. Nimm Stellung dazu und setze dich kritisch mit den Kontroll- und Strafmaßnahmen der »Kinderpolizei« auseinander. Kehre zu diesem Zweck die Verhältnisse einmal um: Mach aus Kindern Erwachsene und umgekehrt. Denke darüber nach, ob du so behandelt werden möchtest wie die Erwachsenen in dieser Geschichte?

3 Worauf führst du es zurück, dass in der Kinderstadt nie ein Streit ausbricht? Gibt uns die Geschichte die dazu nötigen Informationen? Vervollständige die Geschichte durch einen Regelkatalog der Kinder untereinander – eine »Kinderstadt-Ordnung«.

4 Zurück im wahren Leben: Erstelle einen Regelkatalog, der die wichtigsten Grundsätze des Zusammenlebens zwischen Kindern und Erwachsenen beinhaltet – oder zeichne einen Comic, der Bezug nimmt auf gemeinsame Regeln und Normen*.

In jeder Gemeinschaft haben Mitglieder Rechte und Pflichten. Sie ändern sich im Laufe der Zeit – genauso wie Regeln, Normen* und Gesetze. Einige von ihnen haben sich über lange Zeiträume bewährt und dienen noch heute als Orientierungshilfe für das Miteinander, zum Beispiel die Goldene Regel.

5 Regeln sind Vereinbarungen (Übereinkünfte), die innerhalb menschlicher Gemeinschaften gelten – zum Beispiel: Regeln im Sport, im Straßenverkehr oder Spielregeln. Sie können schriftlich festgelegt werden oder auch auf mündlichen Absprachen beruhen. Einige Regeln kann man verändern – aber nur, wenn alle Beteiligten damit einverstanden sind: zum Beispiel im Sport, beim Spielen oder in
10 eurer Klasse.

Ordnungen fassen mehrere Regeln und Normen* für einen Bereich zusammen, zum Beispiel die Hausordnung in der Schule oder die Straßenverkehrsordnung. Rechte und Pflichten jedes einzelnen Gemeinschaftsmitglieds sind darin genau aufgeführt. Wer gegen diese Ordnungen verstößt, kann mit »Ordnungsmaßnahmen«
15 bestraft werden.

Gesetze sind in Gesetzestexten festgehalten. Sie sind für alle verbindlich – wer dagegen verstößt, macht sich strafbar. Ohne Gesetze kann ein Miteinander nicht funktionieren – es würde, wie im Tierreich, das »Recht des Stärkeren« gelten; die Schwächeren einer Gemeinschaft hätten kaum ein Chance.
20 Jedes Land verfügt über Gesetze – sie können für unterschiedliche Bereiche gelten: zum Beispiel zum Schutz der Jugend, der Umwelt oder zur Sicherstellung eines guten Schulbetriebs. Gesetze können nicht so leicht geändert werden – die Vertreter/innen des Volkes müssen dafür eine Mehrheit finden.

Mitbestimmen in der Schule

Schule gestern und heute

1

2

3

4

5

1. Schau dir die Fotos an und finde passende Bildunterschriften.

2. Suche Einzelheiten heraus, die für das Schulleben von heute und damals typisch sind.

3. Befrage deine Eltern und Großeltern über ihren Schulalltag. Vielleicht haben sie Fotos, alte Schulhefte, Lehrbücher oder andere Dinge, die du mit in den Unterricht bringen darfst. Gehe vorsichtig mit ihnen um, denn sie sind wertvoll – sie können viele Geschichten erzählen.

4. Wenn ihr in der Schule eine Schulchronik habt, dann bittet darum sie anschauen zu dürfen – oder besucht ein Schulmuseum in eurer Umgebung.

Mitbestimmen in der Schule – aber wie?

Bei deinen Nachforschungen zur Schule gestern und heute konntest du feststellen, dass heutige Schülerinnen und Schüler mehr Rechte, aber auch Pflichten haben als noch deine Eltern und Großeltern zu ihrer Schulzeit. Viele Tage und Wochen eines Jahres verbringst du in der Schule, Schuljahr für Schuljahr lernst du mehr und mehr. Zahllose Menschen kreuzen in dieser Zeit deinen Weg. Du wirst immer selbstständiger und möchtest an dem Ort, in dem du so viel Zeit des Tages verbringst, auch ein Wörtchen mitreden – mitbestimmen:

In welchen Bereichen des Schullebens sollen deiner Meinung nach Schülerinnen und Schüler ein Mitspracherecht haben? Wo sollten sie selbstständig entscheiden dürfen? Notiere dir konkrete Vorschläge und diskutiert danach in der Gruppe.

Jedes Bundesland hat ein Schulgesetz, in dem das Schulwesen des jeweiligen Landes beschrieben und die Pflichten aller am Schulalltag Beteiligten festgeschrieben sind – die Pflichten ebenso wie die Rechte der Schulleitung, der Unterrichtenden und auch der Schüler/innen.

Gelebte Demokratie* in der Schule

Schuldemokratie – zum Beispiel in Sachsen
Im sächsischen Schulgesetz wird die Schulkonferenz als das gemeinsame Organ (Gremium) der Schule vorgestellt. Sie umfasst je vier Vertreter von Eltern, Schüler(inne)n und Lehrer(inne)n. Den Vorsitz hat der Schulleiter oder die Schulleiterin, allerdings ohne Stimmrecht. Die Vertreter werden vom Elternrat, vom Schülerrat und von der Gesamtlehrer-Konferenz gewählt. Sie alle beraten gemeinsam wichtige Angelegenheiten der Schule und sind auch an Beschlüssen beteiligt.

1. Ladet einen Vertreter eurer Schulleitung in den Unterricht ein und interviewt ihn oder sie zu seinen Aufgaben.

2. Bereitet den Fragekatalog zu Aufgabe 1 gemeinsam im Unterricht vor – legt besonderes Augenmerk auf die Fragen: Welche Aufgaben muss die Schulleitung allein lösen und in welchen Bereichen ist sie dringend auf Unterstützung aus euren Reihen oder von euren Eltern angewiesen?

Mitbestimmen in der Schule

Klassenschülersprecher, Schülerrat der Schule

Mittwoch früh – es klingelt zur ersten Stunde und alle Schüler der Klasse 6b sitzen auf ihren Plätzen. Frau Lukas, die Klassenlehrerin, hat das Tafelbild schon vorbereitet:
Wahl des Klassensprechers – Vorschläge
Schon seit einer Woche wird in der Klasse darüber diskutiert, wer als Klassensprecher geeignet sei – oder wer es gerne werden möchte.

Anja wäre eine gute Klassensprecherin. Sie hat gute Noten, vergisst nie etwas und ist auch sehr hilfsbereit. Sie ist ruhig und zurückhaltend, immer freundlich.

Julius soll Klassensprecher werden. Er verteidigt uns immer gegenüber den Lehrern, hat immer clevere Ausreden parat. So schnell lässt er sich nicht unterkriegen.

Ich würde schon gerne Klassensprecher werden wollen. Ob mich wohl einer wählt? Dann könnte ich endlich allen zeigen, das ich was kann.

Frau Lukas schreibt insgesamt sechs Vorschläge an die Tafel – sie sind alle aus der Klasse gekommen. Die Schülerinnen und Schüler stimmen über diese Vorschläge ab: Alex bekommt die meisten Stimmen und als seine Stellvertreterin wird Claudia gewählt.

Eine Überlebensübung oder: Demokratie* lernen

Stell dir vor, du gehörst zu einer Gruppe »Schiffbrüchiger«, die möglichst schnell in die Rettungsboote muss. Eine unbewohnte Insel kann mit Schlauchbooten erreicht werden. Du darfst aber nur das Allernotwendigste mitnehmen. Die Schiffsleitung hat Notproviant, Trinkwasservorräte, Schwimmwesten, Erste-Hilfe-Koffer und Signalraketen auf die Schlauchboote verteilt; doch durch einen Brand an Bord wurde vieles zerstört.

Im Folgenden findest du 15 unzerstört gebliebene Dinge – einige davon kannst du mitnehmen. Deine Aufgabe besteht darin, diese Gegenstände in eine Rangordnung zu bringen. Ordne die Zahl »1« dem wichtigsten, die Zahl »2« dem nächst wichtigsten Gegenstand zu – bis alle Dinge eingereiht sind. Notiere auch den Grund, warum du den Gegenstand für wichtig oder weniger wichtig hältst:
eine Tube Sonnencreme, eine Packung Müsli-Riegel, ein Würfelspiel, ein Stapel CDs und einen Diskman, ein Abenteuerroman, eine Tasche mit T-Shirts und Unterwäsche, ein Paar Gummistiefel, ein Feuerzeug, 20 Meter feste Nylonschnur, ein Kompass, ein Taschenradio, ein Handy, eine Packung Batterien, eine Flasche Limonade, Schreibzeug und Papier.

Methode: Sich demokratisch einigen

Deine Gruppe (vier Schüler/innen) muss einstimmig beschließen, was sie aufs Rettungsboot mitnehmen will. Das bedeutet, der Rangplatz für jeden einzelnen Gegenstand ist einmütig festzulegen. Solche Einstimmigkeit ist schwer zu erzielen. Beachte in der Diskussion:
- Vermeide, deine Meinung anderen Gruppenmitgliedern aufzuzwingen.
- Vermeide nachzugeben, wenn du nur Konflikten ausweichen willst oder keine Lust zu diskutieren hast.
- Unterstütze andere Ansichten, wenn sie mit deinen teilweise übereinstimmen.
- Beachte auch eine abweichende Meinung als nützlichen Beitrag zur Lösung und nicht als störend.
- Freut euch, wenn ihr eine Lösung findet, mit der alle Gruppenmitglieder wenigstens einigermaßen einverstanden sind.

Seite 54/55 ◀

Demokratie* funktioniert anders, oder?

1 Jeder Gruppensprecher berichtet nach der Gruppenübung der gesamten Klasse über Erfahrungen und Ergebnisse: Zu welchen Erkenntnissen gelangt ihr nach der Auswertung?

2 Diskutiert, welche Eigenschaften ein Klassensprecher oder eine Klassensprecherin haben sollte, damit er oder sie eure Interessen im Schülerrat vertreten kann.

3 Euer Klassensprecher kann über seine Arbeit berichten: Welche Aufgaben hat er oder sie in eurer Klasse? Was gelingt ihm (ihr) schon besonders gut – und worin könnte er (sie) noch Unterstützung von euch oder von Lehrenden gebrauchen?

4 Informiert euch über die Arbeit eures Schülerrates: Welche Projekte gibt es an eurer Schule, die hauptsächlich durch die Schülervertretung organisiert werden?

Du solltest dein Recht auf Mitbestimmung in der Schule wahrnehmen – zum Beispiel deine Meinung sagen und Vorschläge zur besseren Ausgestaltung des Schullebens machen. Das gelingt am besten, wenn du dich persönlich einbringst, kleine Aufgaben übernimmst, die Spaß machen und vielen nützen:
Feste organisieren, eine Klassen- oder Schulzeitung mitgestalten, eine Patenschaft übernehmen, sich für die Gestaltung der Schule mitverantwortlich fühlen und vieles mehr – ihr habt bestimmt noch weitere Ideen. Beratet euch mit dem Klassensprecher oder Mitgliedern der Schülervertretung oder eurer Klassenlehrerin.

Ich bin ein Teil des Ganzen

Wir brauchen einander

Obwohl die meisten Menschen gerne mal allein sein wollen, sind sie aufeinander angewiesen – wie die Einzelteile in einem großen Puzzle. Viele haben ihren Platz schon eingenommen – in den kleinen und großen Gemeinschaften ihrer Umgebung; andere sind
5 noch auf der Suche. Dabei sind einige Wege vorgegeben, viele aber müssen die Menschen selbstständig beschreiten. Einige »Wegweiser« und Wegbegleiter hast du in diesem Kapitel kennen gelernt.
Jeder in einer Gemeinschaft ist auf seine Art wichtig: Wer Auf-
10 gaben übernimmt und diese erfüllt, die anderen achtet und unterstützt, wird gut mit den anderen Menschen auskommen – und selbst Unterstützung erfahren.
Als Mensch unter Menschen bist du einmalig und unverwechselbar – etwas ganz Besonderes.

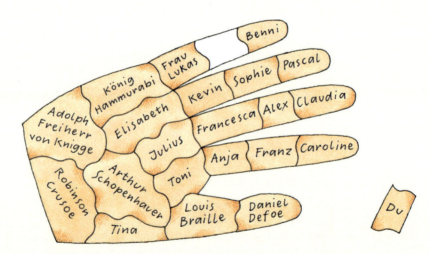

Mein Platz im Lebenspuzzle

Du (= DU) hast deinen Platz im Lebenspuzzle sicher schon entdeckt.
Schreibe abschließend einen kleinen Aufsatz, in dem du deinen persönlichen Platz beschreibst – als Teil des Ganzen im Alltag: Wer oder was waren und sind deine »Wegweiser« – Wegbegleiter, die dich stark gemacht haben? Nutze dazu auch noch mal die Seiten des Kapitels oder deine Aufzeichnungen.
Tipp: Als Vorarbeit kannst du zunächst eine Mindmap erstellen, bevor du alles in einem Text formulierst. Wer mag, kann auch seine eigene Hand entwerfen.

Seite 24
Methode: Mindmapping

Die Rechte der Kinder – und die Wirklichkeit?

Anna geht in die 6 b an einer Schule in Neumark.
Sie hat dieses Gedicht verfasst:

Manche Kinder sind traurig, sind allein,
brauchen alle Hilfe, ob groß oder klein.
Wo Menschen scherzen,
haben andere Schmerzen.
UNICEF hilft, macht Kindern Mut,
wusstet ihr, dass die Hilfsorganisation so viel tut?!
Viele Menschen sammeln Spenden,
damit Kinder nicht auf der Straße enden.
Habt ihr Probleme in der Schule oder zu Hause,
hey, macht doch mal 'ne Pause,
schnappt euch das Telefon und sprecht euch aus.
Wer hilft gegen Sorgen und Kummer?
Zum Beispiel diese Nummer: 0800/1110333!
Kinder können gut, aber auch böse sein,
doch ist das ein Grund Kinder zu schlagen?
Wir denken, das kann kein Kind ertragen,
deshalb könnt ihr nach euren Rechten fragen.

Liebe Leute, hört mich an,
schaut gleich mal unsere Ausstellung an.

Projekt: Kinderrechte auf Briefmarken
1. Suche dir ein Kinderrecht aus und gestalte dieses Recht in Form einer Briefmarke: mit einem bestimmten Kinderrecht und dem dazugehörigen Artikel, einer Zeichnung oder einem Text, einem kurzen Gedicht oder einer Collage.
2. Für weitere Anregungen könnt ihr die Tageszeitung nutzen oder Experten befragen. Vielleicht könnt ihr auch zum örtlichen Kinderschutzbund oder in ein SOS-Kinderdorf fahren. Forscht nach Anlaufpunkten, die euch bei der Umsetzung der Aufgabe unterstützen können.
3. Fügt am Ende eure zahlreichen bunten Marken zu einem »Briefmarkenalbum« zusammen: Daraus könnt ihr eine Präsentation oder Ausstellung zu den Rechten der Kinder machen.

Drittes Kapitel

Mythen.
Geheimnisvolle Geschichten über den Menschen

KREUZ
AUS-WEG-WEISER
IRR

1. Stell dir dein Leben als einen Weg vor: Erzähle, was du auf diesem Weg erlebt hast.

2. Schaut euch die Bilder an, die in ein neues Thema führen: Tauscht Vermutungen aus, welche »Geheimnisse« in ihnen stecken könnten.

Wie hat alles angefangen?

Mythen sind geheimnisvolle Geschichten, in denen Menschen und Völker sich erklären, woher sie kommen, wohin sie gehen und was ihre Aufgabe auf der Erde ist. Schon früh haben sich die Menschen Mythen erzählt, in denen sie den Sinn ihres Lebens für sich festlegten.

Schreibt auf und vergleicht, was ihr glaubt: Woher kommen Erde und Mensch? Schöpfungserzählungen berichten über den Anfang von Erde und Mensch. Das afrikanische Volk der Yoruba erzählt sich darüber den folgenden Mythos.

◀ Seite 125 Methode: Stummes Schreibgespräch

Wem gehört die Erde?

Am Anfang gab es keine trockene Erde, nur Wasser und Sümpfe. Olorun, der höchste Gott, beschloss, fruchtbares Land zu schaffen. Er rief den höchsten der anderen Götter, Orisha Nla, zu sich und gab ihm ein mit Erde gefülltes Schneckenhaus und dazu eine Henne mit fünf Zehen.
5 Er befahl ihm, auf der Erde einen Platz mit festem Grund zu schaffen. Orisha Nla machte sich auf.
Unterwegs kam er an einigen Göttern vorbei, die zusammen ein Fest feierten. Er feierte mit ihnen und betrank sich so, dass er einschlief. Sein jüngerer Bruder, Oduduwa, hatte die Befehle gehört, und als er Orisha
10 Nla schlafend daliegen sah, nahm er die Erde und die Henne und kam vom Himmel herab. Oduduwa warf die Erde auf das Wasser unter ihm und setzte das Huhn darauf. Das Huhn begann zu scharren und breitete so die Erde aus, bis ein großes Stück trockenes Land entstanden war. Dann befahl Oduduwa dem Chamäleon, das Land zu prüfen. Es setzte
15 seine Füße sehr langsam und vorsichtig auf die Erde. Das erste Mal berichtete das Chamäleon, dass die Erde nicht trocken genug sei. So setzte Oduduwa das Huhn noch einmal auf die Erde, und es scharrte wieder. Noch einmal prüfte dann das Chamäleon die Erde, und diesmal berichtete es, dass alles in Ordnung sei.
20 Dann säte Oduduwa Bäume und andere Pflanzen, Waldbäume für die Tiere und Pflanzen, die die Menschen brauchen können. In diesem Augenblick erwachte Orisha Nla. Er sah, dass die Erde schon erschaffen war und kam herunter, um zu sehen, wer das getan hatte. Als er Oduduwa begegnete, sagte er ihm, die Erde gehöre ihm, weil Oluron ihm befoh-
25 len habe, sie zu schaffen. Oduduwa aber fand das nicht recht, und so begannen sie zu streiten. Als Olorun das sah, befahl er ihnen aufzuhören und entschied, dass Oduduwa der König der Erde sein solle, weil er sie geschaffen habe. Orisha Nla bekam dafür die Aufgabe, menschliche Körper zu formen, die Olorun dann zum Leben erweckte. Olorun sandte
30 beide Götter zurück auf die Erde – dort sollten sie mit den Menschen zusammenleben. Oluron schickte den Donnergott mit, damit er für Frieden zwischen den ungleichen Göttern und den Menschen sorgen sollte. Oduduwa baute sein Haus in Ife – dort, wo er mit der Erschaffung der Erde begonnen hatte. Das ist für viele Yoruba noch heute eine heilige Stätte.

Chamäleon am Zweig

Die Mitwirkenden
– Olurun, das höchste Wesen
– Der Gott Orisha Nla, mit der Erschaffung der Erde beauftragt und Herr der Erde
– Der Gott Oduduwa, Bruder und Betrüger von Orisha Nla

Die Welt der Yoruba

Die Yoruba leben in Nigeria, einem Land, in dem trockene Erde sehr wichtig ist. Vor allem die Küstenregion ist geprägt durch hohen Niederschlag, Sümpfe und Überschwemmungsgebiete.

Die Yoruba sind ein großes Volk mit einer eigenen Religion: Als das höchste Wesen verehren sie den Himmelsgott OLORUN, außerdem noch weitere niedrigere Götter – darunter auch solche, die sich um die Angelegenheiten der Menschen kümmern. Für die Yoruba ist die Erschaffung des Bodens wichtiger als die Tatsache, wann die Menschen ins Leben gerufen wurden; daher haben sie eine besondere Achtung vor dem Land, das sie bewohnen.

Weil sich Nigeria nach Erdölfunden sehr schnell entwickelte, findet man nur noch auf dem Lande Menschen, die auf herkömmliche Art leben. Dennoch haben viele Yoruba ihren alten Glauben behalten.

Die Erdölgewinnung in Nigeria erzeugt Reichtümer, aber auch gewaltige Umweltprobleme.

1 Schlage eine Afrikakarte auf und finde Nigeria: Beschreibe, welches Klima im Land der Yoruba herrscht.

2 Im Glauben der Yoruba haben bestimmte Lebewesen besondere Kräfte: Findet heraus, welche Eigenschaften dem Huhn und dem Chamäleon in der Schöpfungsgeschichte zugeschrieben werden. Stellt Vermutungen an, wie wohl die Menschen miteinander und mit der Natur umgehen sollen.

3 Male den Lebensweg auf, der hinter den ersten Yoruba-Menschen liegt.

4 Den Yoruba wird ihre alte Glaubensgeschichte immer wichtiger: Sucht nach Gründen und berücksichtigt das Bild auf dieser Seite.

5 Die Yoruba sind überzeugt, dass man Land weder kaufen noch verkaufen kann, weil es Gott gehört und heilig ist.
Denkt darüber nach: Wem gehört die Erde? Was könnte das sein: »heiliges Land«?

→← Schöpfungsmythen erzählen, dass Götter (oder ein Gott) den Menschen die Welt anvertraut haben – und was Menschen mit ihr tun dürfen. Die Yoruba leiten aus ihrer Schöpfungserzählung ab, dass ihr Land etwas Besonderes ist. Andere Völker erzählen sich ähnliche Geschichten wie die Yoruba.

Wer ist der Mensch?

Mythen über die Entstehung oder Erschaffung des Menschen zeigen, wie ein Volk sich selbst versteht und welche wesentlichen Eigenschaften es dem Menschen zuschreibt. Die Frage, wer oder was der Mensch sei, beschäftigte auch die alten Griechen – ihr Mythos von Prometheus ist für den modernen Menschen bis heute zentral.

> **Fachübergreifend (Geschichte): Das alte Griechenland**
> Der Mythos von Prometheus wurde erstmals im Griechenland des 7. vorchristlichen Jahrhunderts erzählt. Seither sind verschiedene Fassungen entstanden, die allesamt erzählen: Prometheus ist göttlicher Herkunft und bringt als Freund des Menschen Kultur* und Fortschritt.
> • Tragt euer Wissen über die frühen Griechen im 1. vorchristlichen Jahrtausend zusammen.
> • Welche andere Sagen und Mythen aus dieser Zeit kennt ihr noch?

Seiten 22/23

Prometheus – Spiegelbild des Menschen

Nach der Entstehung der Welt lebten auf der Erde zuerst nur die Götter. Der Titanensohn Prometheus, ein Abkömmling des ersten entthronten Göttergeschlechts, suchte vergeblich nach einem Lebewesen, das ihm ähnlich war. Als er keines fand, erschuf er aus Lehm und Wasser die Menschen. Um diese Wesen zu beleben, nahm er von den Tierseelen gute und böse Eigenschaften. Athene, die Göttin der Weisheit, hauchte ihnen schließlich den Geist, den göttlichen Lebensatem, ein. Die ersten Menschen lebten aber noch in Höhlen und wussten nichts. Da brachte Prometheus den Menschen das Lesen, Schreiben und Rechnen und noch verschiedenes Andere bei: die Naturbeobachtung, den Ackerbau, den Bergbau, die Baukunst und die Heilkunst – die Menschen wurden so klug wie Prometheus.

Der Göttervater Zeus aber ärgerte sich, dass Prometheus den Menschen nicht beibringen wollte, die Götter zu verehren. Er verlangte von den Menschen ein Dankopfer. Prometheus schlachtete nun selbst einen Stier, opferte dem Göttervater jedoch nur die Knochen. Zeus wurde wütend und versagte den Menschen daraufhin die letzte Gabe, die sie für ein zivilisiertes Leben noch brauchten: das Feuer.

Aber Prometheus zündete ein Holz am vorüber fahrenden Sonnenwagen an und brachte so den Menschen auch das Feuer. Zornig dachte sich Zeus eine neue Strafe für die Menschen aus:

Er schickte ein Mädchen namens Pandora auf die Erde. Pandora brachte eine goldene Büchse zum einfältigen Bruder des Prometheus, der sich von der Schönheit Pandoras um den Finger wickeln ließ. Als dieser die Büchse öffnete, flogen Krankheiten und Schmerzen, Not und Leid heraus und verbreiteten sich über die ganze Erde.

In der altgriechischen Vorstellung bilden die »Titanen« eine der Götterfamilien.

Seiten 22/23
Infos über griechische Götter

Frau aus Sparta (Bronzestatuette, 6. Jahrhundert v. Chr.): Wer oder was ist der Mensch?

Auch Prometheus wurde bestraft. Er wurde mit Ketten an einen Felsen im Kaukasus-Gebirge geschmiedet. Jeden Tag kam ein riesiger Adler geflogen, hackte ihm die Leber aus dem Leib und fraß sie auf. Über Nacht wuchs die Leber wieder nach, aber der Adler kam jeden Tag zurück. Erst nach vielen Jahrhunderten, so erzählt der Mythos, wurde Prometheus von Herakles, einem Halbgott, wieder befreit.

Methode: Ein Standbild bauen
Geschichten und Bilder, zum Beispiel der Prometheus-Mythos, können nachgestellt werden:
- Verteilt zunächst die Rollen, die zu vergeben sind.
- Die Schauspieler/innen stellen sich auf: Sie dürfen nicht sprechen, sondern ihre Gefühle nur mit Hilfe von Mimik (Gesichtsausdruck) und Gestik (Körpersprache) ausdrücken. So werden ihre Beziehungen zueinander deutlich.
- Haltungen und Aussagen können eingeübt werden: Am Ende müssen die am Standbild beteiligten Schauspieler ganz still stehen.
- Wenn alle Figuren wie auf einem Foto erstarrt sind, können weitere Schüler/innen hinter die Schauspieler treten und nacheinander aussprechen, was diese im Moment denken und sagen.
- Die Zuschauer beurteilen anschließend, ob die Figuren und ihre Beziehungen zueinander angemessen dargestellt wurden.

JAN COSSIERS, Prometheus (um 1637)

1 Entwerft ein Standbild zum Prometheus-Mythos: Welche Personen kommen vor? Wie stehen sie zueinander?

2 Schreibt auf, wie der Mensch sich von den Tieren unterscheidet und was er alles Prometheus verdankt: Überlegt, was das für den Umgang des Menschen mit der Natur bedeuten kann.

3 Diskutiert, warum Zeus so unzufrieden mit den Menschen ist.

Seite 62 ◀ 4 Beschreibt, wie in diesem Mythos die Verbreitung von Leid und
Zeilen 21–25   Not erklärt wird.

5 »Die Menschen wurden so klug wie Prometheus«: Welche Antworten findet ihr in diesem Absatz auf die Fragen: Wer oder was ist der Mensch? Wodurch ist der Mensch, wie er ist?

Schau in einer Schulbibel nach: ◀ 6 Vergleicht den Prometheus-Mythos mit der vermutlich noch älteren biblischen Erzählung von der Erschaffung des Menschen.
1. Buch Mose, Kapitel 2, 4b-3, 24

> Wer oder was ist der Mensch? Diese Frage versuchten die alten Griechen mit der Prometheus-Erzählung zu beantworten. Prometheus ist bis heute ein Sinnbild des schöpferischen und freien, aber auch maßlosen Menschen. Auch Menschen anderer Kulturen* und Religionen haben sich mit dem Besonderen des Menschen beschäftigt – die Antworten fallen bis heute uneinheitlich aus.

Wie sollen wir leben?

»Wie ich mir meine Zukunft vorstelle«
Jeder von uns ist ein wichtiger Teil eines riesigen großen Ganzen. Jeder von uns hat seinen Platz und ist wichtig für die Existenz des anderen. Man kann sich das wie ein Puzzle vorstellen. Wenn ein Teil fehlt, ist das Bild nicht vollständig. Stattdessen sieht man an dieser Stelle nur einen schwarzen, dunklen Fleck. [...] Wir alle auf dieser Erde sollten zusammenhalten. Wir alle sollten den anderen helfen.
Stefan E. (Schüler aus Sehnde)

Menschen haben zu allen Zeiten zur Sprache gebracht, was in ihrem Leben wichtig ist und worauf sie hoffen. Davon zeugen persönliche Lebensträume, aber auch die Mythen ganzer Gruppen oder Völker: Notiert eure eigene Antwort auf die Frage: »Wie sollen wir leben?« Konzentriert euch dabei auf das Verhalten der Menschen untereinander.

Die Tolteken kamen um 1000 n. Chr. in das Hochland von Mexiko. Sie lebten als kriegerisches Volk unter ihrem König Topiltzin, auch Quetzalcoatl (sprich: »ketsal'koatl«) genannt; sein Zeichen war die gefiederte Schlange. Nach Kämpfen mit anderen Völkern ging ihr Reich unter und Quetzalcoatl musste fliehen. Ihre handwerklichen und künstlerischen Fähigkeiten jedoch überdauerten die Zeit, ebenso ihre Hoffnungen auf Quetzalcoatl, den guten König.

Der Mythos von Quetzalcoatl

Einst war das Volk der Tolteken ein großes, mächtiges Volk – reich und wohlhabend, glücklich und sorgenfrei. Das war nicht immer so gewesen; aber seit ihr König Quetzalcoatl »Gefiederte Schlange« den Thron bestiegen hatte und mit
5 Umsicht und Klugheit regierte, wuchs der Mais besser, wurde die Baumwolle üppiger und die Kakaoernte überreich. Die Tolteken bauten Häuser aus Silber und wertvollen Muscheln, gründeten eine neue Hauptstadt, Tollan, und im Zentrum stand der wunderbare Palast Quetzalcoatls. Er gab den Tolte-
10 ken Feuer, die Schrift und den Kalender – Friede und Gerechtigkeit herrschten im Land der Tolteken.
Aber ein Makel haftete an Quetzalcoatl: Er war blass, fast weiß, im Gesicht voller Haare, sein Körper gedrungen – kurz: Er war abstoßend hässlich. Deshalb lebte er ohne Frau, ohne
15 Kinder, ohne Freunde und ohne Freude in seinem Palast – allein, einsam und zurückgezogen; Schwermut lag auf ihm. Eines Tages begehrte Tezcatlipoca (sprich: »tetskatlipoka«), »Rauchender Spiegel«, Einlass – er war ein Dämon in Gestalt eines alten Mannes – und versprach Quetzalcoatl Hilfe, wenn
20 er Menschen blutig opfern würde. Aber das lehnte Quetzalcoatl ab – er liebte sein Volk und niemals sollten Menschenkinder für irgendetwas »Höheres« geopfert werden. Daraufhin versuchte Tezcatlipoca mit List und Tücke, den guten weisen Herrscher von seinem Volk zu trennen: Er gab ihm
25 gegen seine Schwermut eine Medizin. Da verlor Quetzalcoatl

Dämon: böses Geistwesen

die Beherrschung über seine Sinne, wurde betrunken und eitel – und tat einer Frau sehr weh.

Voll Scham und Trauer verließ Quetzalcoatl sein Volk – jetzt konnte er nicht mehr König sein. Er ging seinen Weg hin nach Osten. Doch versprach er, eines Tages wiederzukommen, um sein Volk zu altem Ruhm und Glück zu führen. Schließlich stürzte er sich in ein mächtiges Feuer – aus der Asche stieg sein Herz empor und verwandelte sich in den Morgenstern.

Quetzalcoatl – dargestellt als gefiederte Schlange an einer Pyramide in Mexiko

Hell »strahlender« Morgenstern (Venus) neben dem Mond

»Wie wollen wir leben?«

Zum Vergleich: Sehnde kannst du auf einer Deutschlandkarte finden – es liegt bei Hannover (Niedersachsen)

1 Suche Mexiko auf einer Amerikakarte.

2 Beschreibe König Quetzalcoatl und erkläre, warum er nicht mehr König sein will.

3 Was empfinden Menschen, die an Quetzalcoatl glauben, wenn sie den Morgenstern sehen?

4 Überlegt: Wie gestalten Menschen ihr Leben, denen die Erzählung der Tolteken viel bedeutet? Vergleicht dabei eure eigenen Überlegungen zur Frage »Wie sollen wir leben?«

5 Diskutiert: Was haben Stefan E. und die Tolteken gemeinsam? Worin unterscheiden sie sich?

> Kein Mensch lebt ohne Ziele für die vor ihm liegende Zeit. Persönliche Lebensträume und gemeinschaftliche Mythen erzählen von diesem Lebensweg: So unterschiedlich die Zukunftserwartungen sind – sie wecken Hoffnungen auf ein besseres Morgen.

Drittes Kapitel | Wie sollen wir leben?

Sind Mythen wahr?

Unsere moderne Welt ist von den Wissenschaften und ihren Erklärungen für fast alle Vorgänge geprägt. Mythen, besonders wenn sie aus vorwissenschaftlicher Zeit stammen, sprechen zwar unsere Fantasie an, wirken aber nicht glaubwürdig. Wollen Wissenschaft und Mythos aber überhaupt dieselben Fragen beantworten?

Streit um den Regenbogen

Das sagen Naturwissenschaftler: *Ein Regenbogen entsteht, wenn Sonnenlicht auf Regentropfen fällt. Das Licht wird in den Tropfen hinein gebrochen, dann im Inneren reflektiert, tritt nach erneuter Brechung wieder aus und erreicht schließlich unser Auge. Bei diesem Vorgang wird das ursprünglich weiße Sonnenlicht in seine einzelnen Farbanteile zerlegt, die aus ungemischten und reinen Grundfarben bestehen. Die Farbanordnung ist immer die gleiche: außen Rot, dann Orange, Gelb, Grün, Blau und innen Violett.*

So liest es sich im Mythos: *Im Regenbogen werden die Menschen an ihre Geschichte mit Gott erinnert, der mit ihnen einen Bund geschlossen und ihnen die Zusage gegeben hat, sie auf ihrem Weg schützend zu begleiten. Der Regenbogen zeigt, dass Gott den Kriegsbogen weggestellt hat und nie wieder eine Sintflut* über die Erde schicken wird. Warum sonst reicht der Bogen vom Himmel bis zur Erde; und wer außer Gott vermochte so etwas Schönes zu schaffen?*

Seite 114 ◄
Wasser in den Religionen

Wozu Mythen?

1 Zwei Erklärungen – auf welche unterschiedlichen Fragen wollen sie antworten?

»Was da in den Mythen steht, das stimmt doch gar nicht. Wir wissen doch, dass der Regenbogen durch die Brechung des Sonnenlichts entsteht und die Menschen das Feuer nicht von Prometheus bekommen, sondern es selbst erfunden haben.«
JAN, 11 Jahre (Schüler)

»Mit Mythen kann man in die Seele der Menschen schauen. In ihnen erzählen die Kulturen*, was für sie wichtig ist und woran sie sich halten wollen. Mythen setzen Maßstäbe für das menschliche Handeln, die gelten, weil sie von Anfang an gültig waren. In den Mythen sieht man die wichtigsten Träume der Menschen und mit seinen Träumen sollte man sorgfältig umgehen – sie zeigen uns oft Wahrheiten, die wir im Alltag nicht sehen.«
Q Nach HUBERTUS HALBFAS (Spezialist für Mythen)

2 Was würde HUBERTUS HALBFAS auf Jans Äußerung wohl antworten? Warum hat JAN genauso Recht wie der Mythen-Experte?

Die sieben Farben, die bei der Zerlegung von Licht sichtbar werden (Spektralfarben)

Der Regenbogen – Symbol für das »Versprechen Gottes«

Glaubst du
du bist noch zu klein
um große Fragen zu stellen?
Dann kriegen die Großen
dich klein
noch bevor du groß genug bist.

ERICH FRIED: Kleine Frage

Seiten 60, 62/63 und 64/65

1. Versucht die drei im Kapitel vorgestellten Mythen frei nachzuerzählen. Ihr könnt euch zur Vorbereitung einen Zettel mit Stichworten machen. Anschließend schreibt jeder auf, welcher der drei Mythen ihm am besten gefällt und begründet sein Urteil.

2. Auf ihrem Lebensweg zwischen Geburt und Tod werden den Menschen unterschiedlich große Fragen wichtig – je nachdem, wie alt sie sind und was sie erleben:
   • Fragt Menschen unterschiedlichen Alters nach ihren »großen Fragen«.
   • Sucht aus Zeitungen und Zeitschriften Bilder von jungen und alten Leuten zusammen.
   • Malt zu diesen Leuten Sprechblasen und schreibt »große Fragen« hinein, die zu den verschiedenen Lebensphasen passen könnten.

3. Was sind eure »großen Fragen«? Sammelt sie und schreibt sie auf große Papierbögen, die ihr im Klassenraum aufhängen könnt.

Was sind Mythen?
Mythen sind geheimnisvolle Geschichten über den Weg der Menschen und ihr Verhältnis zur Natur. Sie erzählen in Bildern über den Weg, den die Menschen in und mit der Natur gegangen sind und über den Weg, den sie noch gehen werden. Sie antworten meist auf Fragen wie »Woher kommen auffällige Naturerscheinungen (wie der Morgenstern)?«, »Wem gehört die Erde?«, »Woher kommt der Mensch und wer ist er?«, »Worauf hofft der Mensch und was vermag er?« Es gibt sehr alte, aber auch moderne Mythen – sie sind in allen Kulturen* der Welt verbreitet.

Drittes Kapitel | Sind Mythen wahr?

Was vermag der Mensch? Moderne Mythen

Die meisten Mythen sind sehr alt – heutigen Menschen fällt es schwer, sie zu verstehen. Zwar faszinieren ihre Geheimnisse und Fragen noch immer; doch erzählen sich Menschen unserer Zeit andere Geschichten: Du kannst sie in spannenden Büchern nachlesen oder in Spielfilmen miterleben: Brauchen wir moderne Mythen?

Harry Potter und Gleis neundreiviertel

Harry Potter, ein Waisenjunge aus einem Londoner Vorort, erfährt, dass er aus einer berühmten Zaubererfamilie stammt und in der Zaubererschule Hogwarts erwartet wird. Die Dursleys, seine Pflegefamilie, halten das alles für »Hirngespinste«, bringen aber Harry zum Bahnhof »King's Cross«. Um 11 Uhr soll der Zug von Gleis neundreiviertel abfahren. Wie auf jedem größeren Bahnhof gibt es zwar ein Gleis 9 und auch ein Gleis 10, aber ein Gleis neundreiviertel ist nicht zu finden – jedenfalls nicht von Menschen, die vernünftig denken. Da fällt Harry eine merkwürdige Familie auf. Er beobachtet, wie die Kinder mit ihren Kofferkarren auf eine Ziegelmauer zulaufen und nacheinander in dieser Mauer verschwinden. Er glaubt zu träumen – das kann ja wohl nicht wahr sein! In diesem Augenblick wird er von der Mutter der Familie angesprochen. »›Keine Sorge‹, sagte sie. ›Du läufst einfach schnurstracks auf die Absperrung vor dem Bahnsteig für die Gleise neun und zehn zu. Halt nicht an und hab keine Angst‹ […]. Harry beschleunigte seine Schritte […]. Er lehnte sich, auf den Wagen gestützt, nach vorn und stürzte nun schwer atmend los – die Absperrung kam immer näher – anhalten konnte er nun nicht mehr – der Gepäckkarren war außer Kontrolle – noch ein halber Meter – er schloss die Augen […]. Nichts geschah … Harry rannte weiter … er öffnete die Augen. Eine scharlachrote Dampflok stand an einem Bahnsteig bereit […] über der Lok stand *Hogwarts-Express, 11 Uhr*. Harry warf einen Blick über die Schulter und sah an der Stelle, wo der Fahrkartenschalter gestanden hatte, ein schmiedeeisernes Tor und darauf die Worte *Gleis neundreiviertel*. Er hatte es geschafft.«

Harry hatte die Welt der gradlinigen Gedankenwege hinter sich gelassen. Nur so konnte er jener werden, der er werden sollte. Vor ihm lag eine unbekannte Welt – aus Fragen, vielleicht auch aus einigen Antworten.

> Harry Potter ist nicht die einzige moderne Geschichte über eine geheimnisvolle Wirklichkeit hinter oder in unserer Welt. Jedes Jahr kommen Bücher oder Filme heraus, die vom Wirken geheimnisvoller Mächte erzählen. Eine andere Welt öffnet zum Beispiel der Fantasy-Roman »Herr der Ringe« (1954/55). Manchmal werden diese Erzählungen auch in die Zukunft verlegt – wie in den Filmen »Star Trek« (seit 1966) oder »Krieg der Sterne« (1977). Moderne Mythen antworten nicht unbedingt auf große Menschheitsfragen; bisweilen öffnen sie nur den Blick auf eine wissenschaftlich nicht erklärbare verborgene Wirklichkeit.

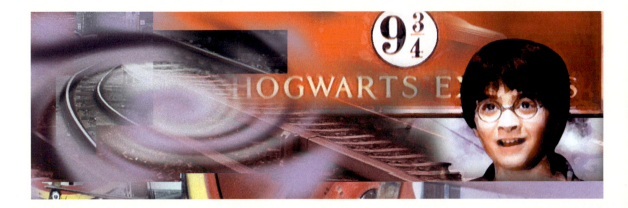

Schaut in einer »Citymap« der Stadt London nach.

1. Versucht herauszufinden, ob es den Bahnhof »King's Cross« tatsächlich gibt.

2. Stellt in einem Rollenspiel die Situation auf dem Bahnhof nach: Überlegt, welche Personen und Gegenstände (außer Harry) unbedingt einbezogen werden müssen.

3. Stellt fest, was im Roman »Harry Potter« über Harrys Lebensweg und den Lebensweg der Menschen überhaupt ausgesagt wird.

4. Diskutiert, ob die Harry Potter-Geschichte ein »Mythos« ist.

Seiten 134/135
Eine Reise …

5. Sucht moderne Mythen und diskutiert, ob ihre Sicht oder die der Wissenschaften für den Menschen wertvoller sind. Können sich beide Perspektiven* ergänzen?

Methode: Rollenspiel
Bei einem Rollenspiel versetzt ihr euch wie Schauspieler in andere Personen und spielt eine Situation oder eine erzählte Handlung vor der Lerngruppe:
- Besprecht die Situation und die Besonderheiten der Figuren, die im Rollenspiel auftreten. Achtet darauf, in eurem Spiel auch Gedanken und Gefühle einzubeziehen und aufeinander einzugehen.
- Überlegt euch die wichtigsten Sätze und die Rollenverteilung vorher, um besser auf die jeweiligen Rollen eingestellt zu sein. Beim Spielen selbst sind aber spontane Änderungen erlaubt.
- Überlegt, worauf die Beobachtergruppe achten soll: Sind Gesichtsausdruck, Körpersprache und Worte der Spieler/innen überzeugend?
- Am Ende erzählen die Spieler/innen, wie sie sich in ihren Rollen erlebt haben.

Lesetipp

Esther Bisset und Martin Palmer: Die Regenbogenschlange. Geschichten vom Anfang der Welt und der Kostbarkeit der Erde, Bern: Zytglogge Verlag 1987

Projekt: Heiligtümer heute
Mythen erzählen, was Menschen »heilig« (einzigartig wertvoll) sein kann. Sie versuchen, auf »große Fragen« zu antworten. Das Wort »Heiligtümer« wird im Alltag selten gebraucht; doch lohnt es sich, über seine Bedeutung nachzudenken:
- Finde andere Bezeichnungen für »heilig«.
- Was ist dir selbst »heilig« – so wichtig, dass du es nicht vermissen willst?
- Bringt eure Heiligtümer mit und macht eine Ausstellung: »Unsere Heiligtümer«.

Viertes Kapitel

Religionen als Wege – Religionen auf dem Weg

»AUFERWECKUNG« TAUFE
»LIEBE DEINEN NÄCHSTEN WIE DICH SELBST!«
ZEHN GEBOTE
PSALMEN: RUFE ZU GOTT
PESSACH-FEST
»ES GIBT KEINEN GOTT AUSSER ALLAH«
RAMADAN
PARADIES & HÖLLE

1. Welche drei Weltreligionen werden hier als Wege dargestellt?
2. Versucht herauszufinden, welche Antworten der drei Religionen zu den gestellten Fragen passen.
3. Kennt ihr noch weitere Antworten, die die Religionen auf Fragen dieser Seite geben?

Abraham – Am Anfang des Weges: das Vertrauen

Wie in den Mythen erzählt man sich auch in den Religionen Geschichten über die Wege der Menschen. Ihre Anhänger sagen: Die Wege der Menschen werden von Gott begleitet. Drei große Religionen lernt ihr in diesem Kapitel kennen: Judentum, Christentum und Islam. Sie haben eine gemeinsame Wurzel und sie verehren alle drei einen Gott.

Als die Vorfahren der Juden, die lange als Nomaden herumzogen, schon einige Zeit in Israel (Kanaan) sesshaft geworden waren, begannen die Israeliten, sich in schriftlicher Form über ihren Glauben und seinen Ursprung Klarheit zu verschaffen. Vermutlich waren es fromme Schreiber am Hof des Königs SALOMO, die im 9. Jahrhundert v. Chr. zum ersten Mal die Geschichte von ABRAHAM, dem Stammvater der Israeliten, aufschrieben.

Das Judentum

Entstehungszeit	Im 1. Jahrtausend v. Chr.
Ort der Entstehung	Naher Osten (Israel)
Religionsstifter oder wichtiger Vertreter	Mose
Heiliges Buch	Torah (Hebräische Bibel*)
Heilige Räume	Tempel, Synagoge
Heilige Zeiten	Schabbat (Sabbat), Pessach (Passah)
Verbreitung weltweit	14 Millionen
In Deutschland	Mehr als 100.000

Die jüdische Religion ist im Nahen Osten entstanden – zwischen dem so genannten Zweistromland und Ägypten. Diese Landschaften werden auch »Der fruchtbare Halbmond« genannt.

Abraham macht sich auf den Weg

Von den Anfängen des Weges erzählt das erste Buch der Torah, der heiligen Schrift der Juden. Geschichten von ABRAHAM sind in den heiligen Schriften aller drei Religionen – Judentum, Christentum und Islam – zu finden. Immer gilt ABRAHAM als Vorbild.

Abraham und seine Frau Sara lebten im Zweistromland. Sie zogen als Nomaden umher und fühlten sich mit ihren Verwandten und Tieren dort sehr wohl. Obwohl sie schon sehr alt waren, hatten sie noch keine Kinder. Da hörte Abraham eines Tages, wie Gott zu ihm sprach: »Zieh weg aus deinem Land, weg von deinen Freunden und Verwandten. Zieh in ein Land, das ich dir zeigen werde. Ich werde dich zu einem großen Volk machen: Du sollst viele Nachkommen haben, so viele, wie Sterne am Himmel sind. Dir soll es gut gehen.« Da zogen Abraham und Sara mit ihren Zelten und Herden los. Das neue Land kannten sie nicht. Aber sie zogen los ins Ungewisse. Sie zogen durch die Wüste, durch den heißen, trockenen Sand bis ins Land Kanaan. Dort ließen sie sich endlich nieder. Denn das war das Land, das ihnen und ihren Nachkommen gehören sollte.

Nachkommen? Aber eigentlich waren sie viel zu alt, um Kinder zu bekommen. Aber dann wurde Sara wirklich schwanger und brachte einen Sohn zur Welt. Die Verheißung hatte sich erfüllt: Abraham und Sara lebten in einem neuen Land. Und sie hatten ein Kind bekommen – das nannten sie Isaak (»Gottes Lächeln«).

Q Nach dem ersten Buch der Torah*

Abraham wird große Nachkommenschaft verheißen, Wiener Genesis, 6. Jahrhundert (Ausschnitt)

Methode: Ein Bild betrachten und deuten

Ein Bild solltet ihr in mehreren Schritten betrachten, wobei es auf einen eigenen Zugang ankommt:
- Was ist mein erster Eindruck? Was fällt besonders auf?
- Was genau kann ich alles auf dem Bild sehen?
- Wie sind die Dinge oder Personen angeordnet?
- Was könnten die Darstellung und die Anordnung der Bildteile bedeuten?
- Was sagt das Bild als Ganzes für mich aus?
- Bin ich mit der Aussage des Bildes einverstanden, würde ich es ähnlich oder ganz anders malen?

So lassen sich Dinge entdecken, die nicht gemalt und trotzdem auf dem Bild sind. Ihr könnt das Bild auch mit dem dazugehörigen Text vergleichen, einen Titel suchen, selbst eine Bilderfolge malen, andere Bilder dazu suchen.

1 Setzt euch in Paaren gegenüber: Ihr seid Abraham und Sara. Besprecht, ob ihr eure Heimat aufgrund der Zusage Gottes verlassen sollt. Welche Gründe dafür und dagegen findet ihr?

2 Was sagt die Entscheidung Abrahams und Saras über sie und ihre innere Einstellung aus?

3 Könnt ihr euch vorstellen, jemandem so stark zu vertrauen (zu glauben), wie es Abraham und Sara getan haben? Wem?

➔ ◀ In den drei Religionen Judentum, Christentum und Islam wird die Geschichte Abrahams erzählt, der im Vertrauen auf Gott einen ungewissen Weg gegangen ist.
Juden, Christen und Muslime verstehen sich als »Kinder Abrahams«.

Viertes Kapitel | Abraham – Am Anfang des Weges: das Vertrauen

Judentum

Von Hoffnung und Kraft: Der lange Weg in die Freiheit

Juden erzählen seit Jahrtausenden immer wieder von den Taten Gottes. Dabei ist die wichtigste Erzählung für sie die Auszugsgeschichte (Exodus). In ihr wird berichtet, wie die Hebräer*, Nachfahren Abrahams, wegen einer Trockenheit zum Nil wanderten – in das Land Ägypten. Doch um dort leben zu dürfen, mussten sie bald wie Sklaven für den Pharao, den ägyptischen König, arbeiten. Als die Unterdrückung für die Hebräer unerträglich wurde, planten sie die Flucht aus Ägypten.

Zwangsarbeit in Ägypten (Wandmalerei in einem ägyptischen Grab, 1460 v. Chr.)

Einer der Hebräer hieß Mose. Er war am Hof des Pharao aufgewachsen. Von ihm und dem Exodus erzählt die Torah*:

Mose hörte einen Ruf von Gott: »Ich habe das Elend meines Volkes gesehen und seine Klage gehört. Ich werde es in ein anderes Land bringen. Ich sende dich, Mose, zum Pharao. Führe du mein Volk heraus.« Damit ging Mose zum Pharao. Erst wollte dieser die Hebräer nicht ziehen lassen.
5 Doch als Gott sieben Plagen wie Überschwemmungen, schwerste Unwetter und riesige Heuschreckenschwärme über Ägypten kommen ließ, stimmte er ihrem Auszug (Exodus) zu.
So brachen die Hebräer in der Nacht eilig zum Schilfmeer auf – sie hatten nicht einmal mehr Zeit, ihr Brot mit Sauerteig zu backen. Sogleich über-
10 legte es sich der Pharao anders und begann sie mit Pferden und Wagen zu verfolgen. Die Hebräer bekamen große Angst, als die Verfolger näher rückten. Aber Mose vertraute auf Gott. Mit seiner Hilfe gelang es ihm, die Menschen durch eine trockene Stelle des Meeres in die Freiheit zu führen. Das verfolgende Heer des Pharao aber ließ Gott in den Fluten
15 versinken, die nach dem Durchzug der Hebräer die trockene Stelle überschwemmten. So wurden die Israeliten doch noch gerettet.
Der Weg in das verheißene Land aber war noch weit und mühsam. Immer wieder zweifelten die Hebräer an Gottes Hilfe und sehnten sich nach Ägypten zurück. Aber dann erinnerte Mose sie daran, was Gott ihnen
20 versprochen hatte: »Mein Name ist Gott – Adonai – das bedeutet: Ich bin immer für euch Menschen da. Und mein Name ist auch mein Versprechen.«
Q Nach dem 2. Buch der Torah* (Exodus)

Der Weg der Befreiten

Bund: Bindung, Verbindung, Bündnis, Versprechen, Treue …

… führte sie an den Berg Sinai. Dort schloss Gott einen »Bund« mit den Israeliten. Er sollte zeigen: Gott will immer für dies Volk da sein – und das Volk für Gott. So gab Gott ihnen Regeln für ein Leben in Freiheit und die Zusage, sie nach Kanaan zu führen – einem Land, in dem »Milch und Honig fließen«. Die Israeliten wiederum versprachen sich an diese Regeln zu halten. Mose erhielt die Gebote und brachte sie dem Volk. Es waren nicht viele – man kann sie an den Fingern abzählen; ihr findet sie im zweiten Buch der Torah*:

Diese Weisungen werden auch »Dekalog« (griechisch = Zehn Worte) genannt. In der Torah ist zu lesen, dass Gott selbst diese Gebote auf zwei Steintafeln geschrieben und Mose übergeben hat. Sie sind bis heute nicht nur für Juden, sondern auch für Christen bedeutsam.

DIE ZEHN GEBOTE

ICH BIN DEIN GOTT, DER DICH AUS ÄGYPTEN HERAUSGEFÜHRT HAT, AUS DER SKLAVEREI.

DU SOLLST KEINE ANDEREN GÖTTER HABEN NEBEN MIR.

MACHE DIR KEIN BILD VON MIR.

DU SOLLST DEN NAMEN DEINES GOTTES NICHT MISSBRAUCHEN.

DU SOLLST DEN SCHABBAT ALS RUHETAG FEIERN.

DU SOLLST VATER UND MUTTER ACHTEN, DAMIT ES DIR GUT GEHT UND DU LANGE LEBST.

DU SOLLST NICHT MORDEN.

DU SOLLST NICHT EHEBRECHEN.

DU SOLLST NICHT STEHLEN.

DU SOLLST NICHTS FALSCHES GEGEN DEINE MITMENSCHEN AUSSAGEN.

DU SOLLST NIEMALS ETWAS HABEN WOLLEN, WAS DIR NICHT GEHÖRT: DAS HAUS EINES ANDEREN, SEINE FRAU ODER SONST ETWAS.

---

1 Beschreibt die Situation der Hebräer in Ägypten. Zieht dazu auch das Bild heran (vgl. Methodenkasten, Seite 73).

2 Bereitet ein Streitgespräch der Hebräer über ihren Exodus vor. Benennt zuerst ihre Gefühle. Tragt dann Gründe für und gegen das Bleiben in Ägypten zusammen. Spielt das Gespräch in einem Rollenspiel. Ihr könnt auch Moses' Gespräch mit dem Pharao in einem Rollenspiel darstellen (vgl. Methodenkasten, Seite 69).

3 Überlegt, warum die Exodus-Geschichte die wichtigste Erinnerungsgeschichte der Juden ist.

4 Stellt fest: Was erlauben die Zehn Gebote, was erlauben sie nicht? Worauf weist ihre Aufteilung auf zwei Tafeln hin?

5 Schreibt die »Verbote« in »Gebote« um und diskutiert: Kann man auch ohne diese Gebote gut zusammenleben?

6 Welches Gebot hältst du für das wichtigste für ein Leben in Freiheit? Auf welches würdest du verzichten? Lässt sich eine Reihenfolge festlegen?

Viertes Kapitel | Judentum

Judentum

Vom Anfang: Woher kommen Welt und Mensch?

Die Nachfahren der Hebräer lebten nun im gelobten Land Kanaan, das sie Israel nannten. Ihr Heiligtum, den Tempel, bauten sie in Jerusalem. Im Jahr 586 v. Chr. eroberte NEBUKADNEZAR, der Feldherr der Babylonier, Jerusalem. Er zerstörte die Stadt und den Tempel. Wieder gerieten viele Israeliten der Oberschicht in Gefangenschaft und wurden verschleppt – diesmal nach Babylonien (dem Gebiet des heutigen Irak). Auch dort mussten sie Arbeitsdienst leisten. So lernten sie auch die Kultur* der Babylonier und ihr Weltbild kennen, das sie übernahmen.

Aber ihren eigenen Glauben und ihre Überlieferungen gaben die Israeliten nicht auf. In ihrer Verzweiflung stellten sie sich Fragen wie: »Gilt der Bund mit Gott noch?« oder »Hat Gott noch Macht?« Und ihre Antwort lautete: «Ja, denn er ist der Schöpfer der Welt!« So entstand das folgende Schöpfungslied – ursprünglich war es wohl zur Stärkung des Glaubens im Gottesdienst bestimmt; heute steht es am Anfang der jüdischen und christlichen Bibel:

Im Anfang schuf Gott Himmel und Erde, die Erde aber war wüst und wirr, Finsternis lag über der Urflut.
Gott sprach: Es werde Licht. Und Gott nannte das Licht Tag und die Finsternis nannte er Nacht. Das war am ersten Tag.
Dann sprach Gott: Ein Gewölbe entstehe. Und Gott nannte das Gewölbe Himmel. Das war am zweiten Tag.
Dann sprach Gott: Das Wasser sammle sich an einem Ort, damit das Trockene sichtbar werde. Und Gott nannte das Trockene Land und das Wasser Meer. Das Land brachte Pflanzen und Bäume mit Früchten hervor. Gott sah, dass es gut war. Das war am dritten Tag.
Dann sprach Gott: Lichter sollen am Himmel sein, um Tag und Nacht zu trennen. Und Gott machte die Sonne, den Mond und die Sterne. Gott sah, dass es gut war. Das war am vierten Tag.

DAN RUBINSTEIN, Die Schöpfung (Genesis): So wie die hebräische Schrift auf den Fensterbildern »Bereschit« (»Im Anfang«) von rechts nach links zu lesen ist, so sind auch die Bilder zu betrachten.

Der »siebte Tag« der Woche ist bis heute ein freier Tag. Er heißt bei den Juden »Schabbat« und wird im Kreis der Familie gefeiert. Der jüdische Ruhetag beginnt am Freitag, wenn die Sonne untergeht, und endet am Samstag Abend. Christen feiern als freien Tag den Sonntag, Muslime den Freitag.

Dann sprach Gott: Das Wasser wimmle von lebendigen Wesen und Vögel sollen über dem Land dahinfliegen. Und Gott schuf die Fische und die Vögel. Gott sah, dass es gut war. Das war am fünften Tag.

Dann sprach Gott: Das Land bringe alle Arten von lebendigen Wesen hervor. Und Gott machte die Tiere. Gott sah, dass es gut war. Dann sprach Gott: Ich will Menschen machen. Sie sollen mir ähnlich sein. Und Gott schuf den Menschen, als Mann und Frau schuf er sie. Gott sprach zu ihnen: Seid fruchtbar und vermehrt euch und herrscht über die ganze Erde. Gott sah alles an, was er gemacht hatte. Es war sehr gut. Das war der sechste Tag.

Am siebten Tag ruhte Gott. Er segnete den siebten Tag und erklärte ihn für heilig, denn an ihm ruhte er.

Das ist die Entstehungsgeschichte von Himmel und Erde, als sie erschaffen wurden.

Q Aus dem ersten Buch der Torah* (Genesis), Kapitel 1 und 2, Verse 1–4a

Das Babylonische Weltbild vor 2.500 Jahren: Es entsprach dem wissenschaftlichen Kenntnisstand seiner Zeit.

1 Sucht Hinweise, die zeigen, dass es sich beim ersten Text der Bibel um ein »Loblied« handelt. Welches Bild von Gott, dem »Gepriesenen«, wird deutlich?

2 Erklärt, wie in der Bibel der Anfang der Welt beschrieben wird: Übertragt in eine Tabelle, was an den einzelnen Tagen geschaffen wird. Wo findet ihr das babylonische Weltbild wieder?

Seiten 132/133
Wie hängt alles zusammen?

3 Was wisst ihr aus dem naturwissenschaftlichen Unterricht über die Entstehung der Erde und des Lebens auf ihr?

4 Das Weltbild der Babylonier ist heute längst überholt: Gilt das zwangsläufig auch für die Aussagen des Schöpfungsliedes über Gott?

5 Nach jüdischem und christlichem Glauben hat Gott die Menschen ihm ähnlich gemacht. Überlegt, was dies für das Verhältnis der Menschen zueinander, zu den Tieren und zur Welt bedeutet: Wie soll der Mensch mit der Erde umgehen?

Viertes Kapitel | Judentum

Judentum

Vom Leiden und Tod: »Wer hört mein Weinen?«

Das jüdische Volk hat viele Bedrohungen erlebt: Nach der Zerstörung ihres Landes durch die Römer im Jahr 70 n. Chr. wurden seine Angehörigen in andere Länder vertrieben und »zerstreut« (Diaspora). Besonders schlimme Verfolgungen – bis hin zur millionenfachen Ermordung – haben die europäischen Juden während des Zweiten Weltkrieges unter der damaligen deutschen Regierung und ihren Helfern erlitten.

In Zeiten der Bedrohung haben Juden immer wieder auf die Sprache der Psalmen* zurückgegriffen, wenn sie sich an Gott wandten. Dann wurden solche Gebete zur Heimat. Unten findet ihr einige Zitate daraus abgedruckt.

Trotz – vielleicht gerade wegen – solcher Leiderfahrungen hoffen religiöse Juden, dass einst der Messias* kommen und ein »Reich des Friedens und der Gerechtigkeit« beginnen wird: für alle Menschen auf der Welt – für die Lebenden und die Toten.

Mein Gott, mein Gott, warum hast du mich verlassen?
Q Psalm 22, Vers 2

Befreie mein Herz von der Angst, führe mich heraus aus der Bedrängnis
Q Psalm 25, Vers 17

Tränen sind mein Brot bei Tag und bei Nacht.
Q Psalm 42, Vers 4

Hilf mir, o Gott! Schon reicht mir das Wasser bis an die Kehle.
Psalm 69, Vers 2

Aus der Tiefe rufe ich, Herr, zu dir.
Psalm 130, Vers 1

Die so genannte Klagemauer (heute meist »Westmauer« genannt) ist die einzige noch erhaltene Mauer des alten Tempels in Jerusalem. Dort beten jeden Tag Juden aus aller Welt zu Gott. Manche schreiben ihre Klagen oder Dankgebete auf und stecken die Zettel in die Mauernischen.

Projekt: Klagen oder Danken
Gestaltet aus zwei Kartons je eine eigene Klage- und eine Dankmauer: Notiert zu Hause auf Zettel (ohne Namensnennung) Gedanken und Gefühle, die mit eurer Lebenssituation zu tun haben. In der nächsten Stunde kann eure Lehrkraft die eingesammelten Beschwerden oder Dankessprüche vorlesen. Klebt sie für alle sichtbar auf: Könnt ihr das Plakat noch weiter ausgestalten?

Vom Gedenken und Feiern: Woran erinnern?

Ich will dich rühmen, Herr, denn du hast mich aus der Tiefe gezogen.
Q Psalm 30, Vers 2a

Du hast mein Klagen in Tanzen verwandelt.
Q Psalm 30, Vers 12

Der Herr verschafft Recht den Unterdrückten.
Psalm 146, Vers 7

Mit meinem Gott überspringe ich Mauern.
Psalm 18, Vers 30b

Das Pessachfest

An den Aufbruch aus Ägypten und an die Rettung der Hebräer erinnern sich die Juden mit dem Pessachfest. Jonathan, ein jüdischer Junge, erzählt:

Zur Erinnerung an diese Rettung feiern wir im Frühling Pessach. Es ist ein Familienfest. Wir setzen uns alle zusammen an den Tisch. An diesem Abend gibt es bestimmte Speisen und Getränke: zum Beispiel Essig zur Erinnerung an die Bitterkeit der Gefangenschaft, eine lehmfarbene Speise als Symbol für die Ziegel, Wein zum Zeichen der Freude und Matzen, das ist ungesäuertes Brot. Es ist ohne Sauerteig gebacken als Zeichen für den eiligen Aufbruch aus Ägypten. Mein Vater bricht dieses Brot und sagt dazu: »Dies ist das armselige Brot, das unsere Vorfahren in Ägypten gegessen haben. Wer hungrig ist, komme und esse mit uns; wer bedürftig ist, komme und feiere Pessach mit uns. Dieses Jahr hier, nächstes Jahr in Jerusalem; dieses Jahr Knechte, nächstes Jahr freie Leute.« Der Jüngste der Familie stellt die Frage: »Was unterscheidet diese Nacht von allen anderen Nächten?« Und dann wird erzählt, wie unsere Vorfahren auf wunderbare Weise von Gott errettet wurden.

Jüdische Familien beim Pessachfest (2005).
Bild oben: Die typischen Speisen und Getränke während der Pessachfeier (siehe auch den Text daneben)

Lesetipp
HANS PETER RICHTER:
Damals war es Friedrich,
München 1974

1 Vergleiche die Psalmen auf beiden Seiten: Könntest du solche Sätze auch sagen oder schreiben? An wen würdest du sie richten?

2 Tragt euer Wissen über Judenverfolgungen im 20. Jahrhundert zusammen. Fragt auch eure Lehrkraft in Geschichte.

3 Erklärt die Bedeutung der genannten Speisen in eigenen Worten.

4 Erzählt aus der Erinnerung die Geschichte, die mit der »wunderbaren Rettung« gemeint ist.

5 Welches Ereignis ist dir so wichtig, dass du dir eine immer wiederkehrende Erinnerung daran bewahrst?

Viertes Kapitel | Judentum

Judentum

Vom Jungsein im Judentum: Wann bin ich erwachsen?

Schabbat-Feier in jüdischer Schule, Berlin

Juden haben als Ritual* für das Erwachsenwerden der Jungen die Bar-Mizwah. An seinem dreizehnten Geburtstag darf ein Junge zum ersten Mal aus der hebräischen Torahrolle vorlesen. Darauf hat er sich lange und sorgfältig vorbereitet. Damit feiert er, dass er in religiösen Dingen ab sofort als Erwachsener angesehen wird. Ein Junge, der aus der Torah vorliest, gibt seiner Gemeinschaft – und Gott – zu verstehen, dass er bereit ist, ein bewusster Jude zu sein. Er zeigt, dass er nach den Geboten und Regeln der jüdischen Gemeinschaft leben will. Er kann jetzt, als vollwertiges Gemeindemitglied, in der Synagoge zusammen mit anderen Juden einen Gottesdienst durchführen.

Die erste Bat-Mizwah (das entsprechende Fest für Mädchen) fand vor etwa achtzig Jahren statt. Seitdem lesen insbesondere in liberalen Gemeinden viele jüdische Mädchen genauso wie die Jungen aus der Torah vor. Rabbiner* Marc Gellman meint dazu:

»Nach der Lesung wird für das Bar- oder Bat-Mizwah-Kind, das nun zum Erwachsenen geworden ist, normalerweise ein Fest veranstaltet. Manchmal ist das Fest klein und schön, manchmal groß und schön und manchmal groß und doof. Meist gibt es gehackte Leber zu essen, viele machen heute aber auch ganz andere Sachen wie Sushi. Dass die Feier nicht größer ist als ihr eigentlicher Anlass, die religiöse Zeremonie, scheint heutzutage für alle Religionen ein Hauptproblem zu sein.«

Als Jude in Deutschland: Paul Spiegel

Paul Spiegel wurde 1937 in Warendorf geboren. Er musste als Kind mit seiner Familie vor den Nazis nach Belgien fliehen. Seine elfjährige Schwester wurde im Konzentrationslager Auschwitz ermordet. Nach dem Krieg kehrte die Familie nach Deutschland zurück. Spiegel wurde Journalist. Von 2000 bis zu seinem Tod in 2006 vertrat er als Präsident des Zentralrats der Juden in Deutschland die jüdische Gemeinschaft in unserem Land.

Paul Spiegel als junger Schüler

Viertes Kapitel | Religionen als Wege – Religionen auf dem Weg

PAUL SPIEGEL hat zwei Bücher geschrieben. In dem einen beschreibt er den jüdischen Glauben und jüdisches Leben; in dem anderen Buch erzählt er aus seinem Leben, von seiner Kindheit bis heute. Die Antworten im folgenden Interview sind aus Äußerungen seiner Bücher zusammengestellt:

Herr Spiegel, wer ist eigentlich ein Jude?
Jude ist, wer als Kind einer jüdischen Mutter geboren wurde.
Welche Rolle spielte für Sie der Religionsunterricht?
Mein Lehrer verstand es, in mir die Liebe zum jüdischen Glauben zu wecken.
Warum haben Sie sich entschieden, trotz der schlimmen Erlebnisse Ihrer Familie in der Nazizeit, als Jude in Deutschland zu wohnen?
Wir wollen alles tun, damit das gegenseitige Verständnis von Juden und Christen zunimmt.
Wenn Sie Ihrer toten Angehörigen gedenken, wie beten Sie dann?
»Fülle des Friedens und Lebens möge uns und ganz Israel zuteil werden.« Das ist das so genannte Kaddisch-Gebet und auch meine Hoffnung.
Wie versuchen Sie Ihren jüdischen Glauben zu leben? Was ist Ihnen dabei am wichtigsten?
Nächstenliebe und die daraus entspringende Verantwortung für die Mitmenschen.

PAUL SPIEGEL wünscht sich, dass die Schülerinnen und Schüler in Deutschland nicht nur etwas über den Völkermord an den Juden lernen. Er findet es auch wichtig, dass »die deutsch-jüdische Geschichte in ihrer ganzen Breite erzählt wird, wobei auch ihre Glanzseiten und -zeiten dargelegt werden sollten.« Schön fände er es, wenn Kinder und Jugendliche »zumindest zuhören, besser noch sogar davon fasziniert sind.«

PAUL SPIEGEL 2003 – hier mit einer Torah-Rolle

1 Welche Feste zum Erwachsenwerden kennst du? Wie werden sie gefeiert?

2 »Bar-Mizwah« bedeutet »Sohn des Gebotes« (»für die Gebote und Lebensregeln befähigt«), Bat-Mizwah »Tochter des Gebotes«. Beschreibt, worauf sich jüdische Jugendliche mit dieser Feier und ihrem Ritual* einlassen.

3 Sucht weitere Fragen, die ihr PAUL SPIEGEL stellen würdet – und versucht Antworten mit Hilfe eures Wissens über das Judentum.

> ABRAHAM ist ein Stammvater des jüdischen Volkes – für religiöse Juden zugleich ein Vorbild im Glauben und Vertrauen auf Gott. Juden erinnern sich besonders in der Exodusgeschichte an die befreienden Taten Gottes. Für sie ist Gott auch der Schöpfer der Welt. Die Zehn Gebote bilden für Juden (und Christen) die Grundlage, um ein gutes und freies Leben führen zu können. In den Psalmen haben sie sprachliche Vorbilder, wenn sie Leid oder Freude und Dankbarkeit vor Gott bringen möchten.

Christentum

Vom Anfang einer neuen Religion

Die christliche Religion entstand im 1. Jahrhundert im Land Israel, am östlichen Rand des Mittelmeeres. Zu diesem Zeitpunkt wurde der gesamte Raum um das Mittelmeer von den Römern beherrscht. Kaiser AUGUSTUS hatte auch Israel und das jüdische Volk unterworfen. Die Römer zogen viele Steuern und Waren des Landes nach Rom ab. Trotz des Friedens, der nun herrschte, waren die meisten Menschen unzufrieden und viele Juden sehnten sich nach einem Retter, einem Messias*, der dem jüdischen Volk Freiheit und wirklichen Frieden bringen solle. JESUS VON NAZARETH sorgte für Aufsehen in Israel. Nach seinem Tod behauptete eine zunächst kleine Gruppe von Juden, dass dieser Mann der von Gott geschickte Messias sei. So entwickelte sich das Christentum aus dem Judentum heraus und ist heute eine eigenständige Religion.

Der römische Kaiser Kaiser AUGUSTUS. Statue in Prima Porta

Das Christentum

Entstehungszeit	1. Jahrhundert n. Chr.
Ort der Entstehung	Israel (Judäa)
Religionsstifter oder wichtiger Vertreter	Jesus von Nazareth, Paulus
Heiliges Buch	Bibel (Altes und Neues Testament)
Heilige Räume	Kirche
Heilige Zeiten	Sonntag, Weihnachten, Ostern mit Karfreitag, Pfingsten
Verbreitung weltweit	Zwei Milliarden
In Deutschland	53 Millionen

JESUS war Jude und die ersten Christen waren Juden. Juden und Christen verehren bis heute denselben Gott als den Schöpfer der Welt und die Christen lesen die Torah* der Juden als heilige Schrift – als Teil des so genannten Alten oder Ersten Testaments.
Daneben haben die Christen eigene heilige Schriften entwickelt: das Neue Testament. Es besteht hauptsächlich aus Briefen des PAULUS und aus vier Berichten, die in Form einer Lebensgeschichte vom Glauben an JESUS als den Christus (= Messias*) erzählen. Man nennt sie Evangelien (»frohe Botschaften«) und setzt jeweils den Namen des Verfassers davor (zum Beispiel Lukasevangelium). Altes und Neues Testament zusammen werden auch die (christliche) Bibel genannt.

Israel zur Zeit von JESUS

Viertes Kapitel | Religionen als Wege – Religionen auf dem Weg

Was Christen glauben

Die Christen erzählen sich über die Entstehung ihrer Religion eine Glaubensgeschichte aus der Bibel. Zu Weihnachten wird sie in christlichen Familien und Kirchen gelesen und erzählt. Sie handelt von der Geburt Jesu und von den Hoffnungen, die Christen damit verbinden.

Die Weihnachtsgeschichte

Zu jener Zeit ordnete der römische Kaiser Augustus an, dass alle Menschen in seinem Reich gezählt und für die Steuer erfasst werden sollten. Und alle gingen los, um sich in die Steuerlisten einschreiben zu lassen, jeder in die Heimatstadt seiner Eltern. Auch Josef machte sich auf den Weg. Aus Nazareth in Galiläa ging er nach Bethlehem in Judäa. Er nahm seine Verlobte mit, die hieß Maria und war schwanger. Als sie in Bethlehem angekommen waren, kam für Maria die Zeit der Entbindung. In einem Stall brachte sie ihr erstes Kind, einen Sohn, zur Welt. Sie wickelte ihn in Windeln und legte ihn in eine Futterkrippe, denn im Gasthof hatten sie keinen Platz mehr gefunden.

In der Nähe waren Hirten auf freiem Feld, die behüteten nachts ihre Herden. Da kam ein Bote Gottes, ein Engel, zu ihnen, und die Hirten fürchteten sich sehr. Aber der Engel sagte zu ihnen: »Habt keine Angst! Ich habe eine große Freudenbotschaft für euch und für alle Menschen. Heute ist der Retter der Welt geboren. Wenn ihr nach Bethlehem geht, werdet ihr ein neugeborenes Kind finden, das liegt in Windeln gewickelt in einer Futterkrippe. Das ist das Zeichen Gottes.« Und plötzlich war bei dem Engel ein ganzer Chor von Engeln, die lobten Gott und riefen: »Groß ist Gott, denn sein Zeichen des Friedens ist auf die Erde zu den Menschen gekommen!«
Die Hirten sprachen zueinander: »Kommt, wir gehen nach Bethlehem und sehen uns das an!« Sie liefen hin, kamen zum Stall und fanden Maria und Josef und bei ihnen das Kind in der Futterkrippe. Als sie es sahen, waren sie überwältigt, ein Kind wie jedes andere und doch einzigartig. Sie mussten es allen weiter erzählen. Und alle, die es hörten, staunten über das, was ihnen die Hirten erzählten. Maria aber bewahrte all das Gehörte in ihrem Herzen und dachte viel darüber nach. Nach acht Tagen war es Zeit, das Kind nach jüdischer Sitte beschneiden zu lassen und es bekam den Namen Jesus.

Eine moderne Übertragung aus dem Lukasevangelium, Kapitel 2

Einen Nachnamen hatten die Menschen jener Zeit noch nicht. Zur Unterscheidung fügte man deshalb den Namen des Heimatortes hinzu: Jesus von Nazareth. Der Beiname »Christus« ist ein Ehrentitel, den Jesus von den ersten Christen erhielt. Übersetzt man ihn, bedeutet er so viel wie »Zum-König-Gesalbter« (hebräisch: Messias*). Setzt man bei uns den Namen Jesus in den Genitiv, so verwendet man meist die lateinische Form: Jesu (zum Beispiel »Jesu Geburt«).

Matthäus 1,18–2,23

---

1 Beschreibt oder malt, wie ihr euch den Stall, die Engel und die Hirten vorstellt.

2 Überlegt, warum ein neugeborenes Kind ein Zeichen des Friedens ist: Was sagt es über den christlichen Glauben aus, dass Lukas von der Geburt des »Retters der Welt« in einem Stall erzählt?

3 Diskutiert: Warum feiern bei uns Menschen Weihnachten, auch wenn sie keine Christen sind?

4 Auch Matthäus berichtet über Geburt und Kindheit Jesu. Vergleicht seinen Bericht mit dem von Lukas: Worauf legen beide großen Wert?

Christentum

Vom Zusammenleben: Was sollen wir tun?

Viele Menschen halten Jesus für einen klugen Ethiklehrer, auch wenn sie keine Christen sind. Sie sind beeindruckt von seinen Worten über das Zusammenleben auf dieser Welt. Diese Worte sind in einer Rede zusammengefasst, die »Bergpredigt«* genannt wird.

Der Berg Tabor im heutigen Israel: Überlegt, warum Jesus zum öffentlichen Reden oder zum Unterrichtsgespräch häufig nicht in eine Schule oder Synagoge, sondern auf einen Berg wie diesen ging.

Aus der Bergpredigt

Worte, die Mut machen können:
Glücklich sind die, die freundlich mit anderen umgehen, denn sie werden Freundlichkeit empfangen.
Glücklich sind die, die ihr Gewissen nicht verstecken müssen, denn sie sind Gott ganz nah.
Glücklich sind die, die für Frieden sorgen, denn man wird sie wahre Menschen nennen.
Q Matthäusevangelium, Kapitel 5, 7–9

◀ Versucht, nach diesen Mustern Sätze zu bilden, die anderen Menschen Mut machen.

Worte, die sofort einleuchten:
So wie ihr von den Menschen behandelt werden möchtet, so behandelt die Menschen auch.
Q Matthäus 7, 12a

◀ Siehe Seite 47 oben

Schwer verständliche Worte:
Ihr habt gehört, dass gesagt ist: »Auge um Auge, Zahn um Zahn«. Ich aber sage euch: Wehrt euch nicht gegen den, der euch etwas Böses antut, sondern wenn dich einer auf die rechte Wange schlägt, dann halte ihm auch die andere hin.
Q Matthäus 5, 38 und 39

◀ Diskutiert, ob man mit dieser »Lebensregel« Probleme der Menschen lösen kann.

84 Viertes Kapitel | Religionen als Wege – Religionen auf dem Weg

Worte, die die Welt verändert haben

Was heißt »Nächstenliebe«?

Eines Tages kam ein Lehrer der Torah*, der alle Gebote Gottes streng einhalten wollte, zu Jesus. Er wollte wissen, welche Lebensregel denn wohl die wichtigste sei. Jesus antwortete: »Du sollst den Herrn, deinen Gott, lieben mit ganzem Herzen und ganzer Seele. Und: Deinen Nächsten sollst du lieben wie dich selbst!« Da fragte der Lehrer: »Und wer ist mein Nächster?« Jesus antwortete mit dieser Beispielgeschichte (Gleichnis*):

Seit 2000 Jahren, so sagen viele, haben die Worte der Bergpredigt unsere Welt immer wieder verändert, wenigstens für eine Weile. Dass 1989 die Wende in der ehemaligen DDR friedlich verlief, wird ebenfalls darauf zurückgeführt.

◄ Die Samariter galten in Judäa als Ausländer. Mit ihnen wollte niemand etwas zu tun haben – auch deswegen, weil sie Gottes Gebote nicht streng genug beachteten.

Ein Mann ging von Jerusalem nach Jericho. Unterwegs wurde er ein Opfer von Räubern. Sie überfielen ihn, nahmen ihm alles weg, schlugen ihn zusammen und ließen ihn halb tot liegen.
Nun kam zufällig ein Priester denselben Weg. Er sah den Mann liegen und – ging vorbei. Genauso machte es ein frommer Tempeldiener: Er sah ihn liegen und – ging vorbei. Schließlich kam ein Samariter. Er sah diesen armen Menschen – Mitleid ergriff sein Herz. Er kniete sich neben ihm nieder und verband seine Wunden. Dann setzte er ihn ganz vorsichtig auf sein Reittier und brachte ihn in die nächste Herberge, wo er sich weiter um ihn kümmerte. Am anderen Tag gab er dem Wirt genug Geld und sagte: »Pflege ihn! Wenn du noch mehr brauchst, zahle ich es bei meiner Rückreise.«
Was meinst du, sagte Jesus zu dem Lehrer der Torah*: »Wer von diesen Dreien hat sich als der Nächste dessen erwiesen, der von den Räubern überfallen wurde?« Dieser antwortete: [...]

Q Nach einer Übertragung aus dem Lukasevangelium, Kapitel 10, 25–36

1 Gebt die mögliche Antwort des Torahlehrers mit eigenen Worten wieder und überlegt die Begründung, die dieser geben könnte.

2 Beschreibt die Gefühle, die das Opfer, die vorübergehenden Menschen und der Samariter haben und stellt die Geschichte in einem Rollenspiel dar, das diese Gefühle verdeutlicht.

◄ Seite 69
Methode: Rollenspiel

3 Überlegt, welche Lebensregel Jesus durch diese Geschichte dem Torahlehrer verdeutlichen will.

4 Informiert euch im Internet über den Arbeiter-Samariter-Bund: Vielleicht könnt ihr auch einmal eine Samariter-Station besuchen.

Viertes Kapitel | Christentum

Christentum

Von Gott: Wer hält im Leben und im Sterben zu mir?

Jesus sprach zu den Menschen seiner Zeit häufig in Beispielgeschichten (Gleichnissen*). Besonders beeindruckte sie, wie er – anders als andere – von Gott erzählte.

Jesus sagte: Gott ist wie …

Q … ein liebender Vater, der seinen Sohn auch dann wieder aufnimmt, wenn dieser leichtsinnig gelebt hat« (Lukas 15, 11–32).

Q … ein besorgter Hirte, der auch schon verlorene Schafe zurück in die Herde holt (Lukas 15, 1–7).

Q … ein großzügiger Gastgeber auch für die, die sonst keiner einlädt (Lukas 14, 15–24).

Q … ein Arbeitgeber, der allen Arbeit und gleichen Lohn gibt (Matthäus 20, 1–16).

Gott ist für Jesus kein fernes Wesen auf einer Wolke: Er trägt menschliche Züge – und ist den Menschen nah.

Der Tod

In den Evangelien wird erzählt, dass Jesus einmal mit Schülern und Freunden nach Jerusalem reiste. Viele Menschen jubelten ihm begeistert zu – wie einem König. Aber er hatte sich durch seine ungewöhnlichen Ansichten über Gott und die Einhaltung seiner Gebote auch Feinde gemacht. Jesus ging in den Tempel, denn im Tempel wohnte nach jüdischem Glauben Gott in besonderer Weise. Aber was Jesus dort erlebte, ließ ihn wütend werden: Im Haus Gottes wurden Geschäfte gemacht und wurden Menschen betrogen. Hier war Gott nicht Gastgeber, Vater oder Hirte. Diese Menschen hatten keine Achtung vor der Heiligkeit dieses Ortes. Zornig stieß Jesus die Stände und Tische der Verkäufer und Geldwechsler um und warf sie aus dem Tempel (siehe Markus 11, 15–19). Obwohl diese Tat Jesu wie auch seine Predigten, Beispielgeschichten und Wunder religiöse Gründe hatten, versetzte sein gesamtes Auftreten die römischen Behörden in Unruhe. So wurde er schließlich als politischer Aufrührer und Unruhestifter festgenommen. Seine Schüler und Freunde bekamen es mit der Angst und ließen ihn im Stich. Für die römischen Besatzer ging es um die Erhaltung der öffentlichen Ordnung. Sie verurteilten Jesus nach kurzem Prozess zur Hinrichtung am Kreuz, der in der damaligen Zeit grausamsten Todesstrafe.

◀ Auf das Kreuz meißelten die Römer den Hinrichtungsgrund ein: INRI – eine Abkürzung in lateinischer Sprache für »Iesus von Nazareth König (Rex) der Juden«. Nach ihrem Verständnis war der Kaiser in Rom auch König der Juden. Wer vom Volk König genannt wurde, musste ein Aufrührer sein.

… und Gott schweigt?

Im Markusevangelium (Kapitel 15) wird erzählt, dass JESUS vor seinem Tod entsetzlich litt und sich von Gott ganz und gar verlassen fühlte. Seine letzten Worte erinnern an einen jüdischen Psalm: »Mein Gott, mein Gott, warum hast du mich verlassen?«

Seite 78

Dieser letzte Satz JESU ist für Christen sehr wichtig, weil er das in Worte fasst, was Menschen immer wieder erleben: Unschuldige müssen leiden.

Christen glauben, dass Gott den Menschen im Leid und in der Einsamkeit besonders nah ist – auch dann, wenn er nicht redet. Andere Menschen sagen hingegen: Gott gibt es nicht, weil er nichts gegen das Leid unternimmt, ja nicht einmal eine Erklärung gibt.

Kann der Glaube beim Sterben helfen?

Detail der Kreuzigungsdarstellung

Wer oder was ist noch zu sehen?

Vor allem Menschen, die JESUS nahe standen – links: MARIA (Mutter JESU), JOHANNES und MARIA MAGDALENA (enge Vertraute); rechts: JOHANNES DER TÄUFER (siehe Seite 115 oben). Unten: Das Schaf (»Lamm«), das die Juden alljährlich am Pessachfest schlachteten, ist hier ein Symbol* für den unschuldig gekreuzigten JESUS; der Kelch steht für das Abendmahl (siehe Seite 89).

MATTHIAS GRÜNEWALD (etwa 1470–1528) malte dieses Bild für den Altar der Kirche des Antoniterklosters in Isenheim (Frankreich). In diesem Kloster wurden Menschen gepflegt, die an einer unheilbaren Krankheit litten, die durch einen giftigen Getreidepilz hervorgerufen wurde. Arme, Hände und Beine der Kranken verkrampften sich und die Haut bekam Blasen. Die Menschen starben auf fürchterliche Weise. Der JESUS, den GRÜNEWALD malte, sah aus wie die Kranken, die im Antoniterkloster bis zu ihrem Tod gepflegt wurden.

1. Warum wurde JESUS hingerichtet? Sucht im Text nach Gründen.
2. Überlegt, warum MATTHIAS GRÜNEWALD den gekreuzigten JESUS so gemalt hat.
3. Tragt zusammen, wo Menschen heute unschuldig leiden und sich ganz verlassen fühlen. Diskutiert, ob ihnen der christliche Glaube nach dem Vorbild JESU helfen kann.

Viertes Kapitel | Christentum

Christentum

Von der Hoffnung: Ist mit dem Tod alles aus?

Nachdem Jesus tot war, wurde er nach jüdischer Sitte in einem Felsengrab beigesetzt. Für seine Schüler und Freunde war der Traum von einer besseren und menschenfreundlicheren Welt zerplatzt. Christen glauben, dass Gott nach drei Tagen Jesus von den Toten auferweckte. Davon erzählt folgende Glaubensgeschichte.

◀ Daran erinnern sich die Christen jeden Sonntag in ihren Gottesdiensten; zu Ostern feiern sie den Sieg des Lebens über den Tod und die Angst.

Das leere Grab

Am Morgen nach dem jüdischen Sabbat machten sich drei Frauen auf den Weg zum Grab Jesu. Dort wollten sie die nach jüdischer Sitte vorgeschriebenen Waschungen und Ölungen des Leichnams nachholen. Am Freitag war das nicht mehr möglich gewesen. Als sie auf dem Friedhof ankamen, stellten sie fest, dass das Grab geöffnet war und der Leichnam fehlte. In diesem Augenblick erschienen zwei Engel, die sagten: »Er ist nicht hier, er ist auferstanden!« Die Frauen gerieten in helle Aufregung und erzählten es allen weiter. Später zeigte sich Jesus seinen Schülern und Freunden. Sie sahen seine Verletzungen, berührten sie und ließen sich überzeugen: »Keine Einbildung, kein Gespenst, er lebt tatsächlich. Gott hat ihn nicht verlassen!«

Nach dem Lukasevangelium, Kapitel 24

Matthias Grünewald malte für das Antoniterkloster auch ein Auferstehungsbild. Dieses Bild zeigt nicht nur, wie sich der Künstler die Auferstehung vorstellte, sondern auch, was sie den Todkranken dort bedeutete. Schon Paulus, ein Anhänger Jesu und der eigentliche Begründer der christlichen Kirche, war überzeugt, dass Gott, wenn er Jesus von den Toten auferweckt hat, alle Menschen auferstehen lassen kann.

Fachübergreifend (Deutsch):
Vom Sterben und Hoffen – was Trauerrituale erzählen

Besucht einen Friedhof und sammelt Sterbeanzeigen:
• Untersucht Inschriften und Zeichen auf den Grabsteinen; sucht in Zeitschriften nach Traueranzeigen.
• Welche Sprachmuster und Textsorten findet ihr überwiegend.
• Stellt Symbole* und Texte zusammen, die auf den christlichen Auferstehungsglauben hinweisen.

◀ Seite 181 Rituale*

Vom Gedenken: Woran soll ich mich erinnern?

Viele Feiertage in Deutschland haben einen christlichen Ursprung, auch wenn das immer weniger Menschen wissen. Das Weihnachtsfest ist das Geburtsfest Jesu; Karfreitag erinnert an sein Leiden und Sterben. Ostern feiern Christen das Fest der Auferstehung. Neben diesen Festen sind zwei Handlungen den Christen besonders wichtig, denn an ihnen wird ihr Glaube auch äußerlich sichtbar.

Das Abendmahl

Der Sonntag ist für Christen ein besonderer Tag. Deshalb werden die meisten Gottesdienste an diesem Tag gefeiert. Dann werden Lieder gesungen, es wird aus der Bibel vorgelesen und gemeinsam gebetet.

Christen feiern in ihren Gottesdiensten regelmäßig auch das so genannte »Abendmahl«: Dabei wird Brot zerbrochen und Wein ausgeschenkt. In evangelischen Gottesdiensten teilen die anwesenden Christen beides miteinander und sagen sich einander Mut machende Worte; sie glauben, dass Jesus ihnen dann besonders nah ist. Deshalb erinnern sich Christen beim Feiern des Abendmahls daran, dass sie trotz aller Unterschiede zusammengehören – und auch heute noch, 2.000 Jahre danach, mit Jesus verbunden sind.

Austeilung des Abendmahls im Gottesdienst

Jesus feierte mit seinen Schülern das jüdische Passahfest (Pessach) – zur Erinnerung an die Flucht aus Ägypten (Seite 79). Nach seinem Tod gewannen die Jünger die Überzeugung, dass mit dem zerbrochenen Brot Jesu zerstörter Körper gemeint sei und dass der ausgeschenkte Wein sein Blut darstelle (siehe das Bild von Grünewald, Seite 87).

Die Taufe

In allen Kirchen stehen Wasserbecken, denn Wasser gilt als Sinnbild des Lebens und als Symbol* der Reinigung. Wollen Eltern, dass ihr Kind christlich erzogen wird oder möchte ein Erwachsener Christ werden, wird das Kind oder der Erwachsene dreimal mit Wasser besprengt oder kurz untergetaucht.

Die Taufe ist für Christen ein Zeichen, dass dieser Mensch und Gott ab sofort zusammengehören. Mit der Taufe wird ein Mensch Mitglied einer christlichen Kirche.

Taufe in einer Kirche

Seiten 87 und 88 ◂

Johannes 20, 24–29 ◂

1 Vergleiche Grünewalds Darstellung des auferweckten Christus mit seiner Darstellung des sterbenden Jesus am Kreuz: Was soll der Gegensatz zum Ausdruck bringen?

2 Ist mit dem Tod alles aus? Welche Antwort gibt die Geschichte aus dem Lukasevangelium und wie denkst du über den Tod?

3 Überprüft, ob auch andere Feiertage bei uns christlichen Ursprungs sind.

4 Erinnerungen können dabei helfen, einen Sinn im Leben zu finden: Finde eigene Beispiele oder frage Menschen, die du gut kennst, nach ihren »Erinnerungsfesten«.

Viertes Kapitel | Christentum

Christentum

Jesus sagte: Wenn ein Mensch nicht wie ein Kind zu Gott kommt, wird er den Weg zu ihm nicht finden (nach dem Markusevangelium, Kapitel 10)

Christ sein heute

Konfirmation und Firmung

Mit 14 Jahren wird man in Deutschland religionsmündig. Dann kann man selbst entscheiden, ob man zu einer Religionsgemeinschaft gehören möchte oder nicht. Junge Menschen, die als Kinder getauft wurden, können sich mit der Konfirmation bewusst für ein Leben als evangelische Christen entscheiden. Ab da sind sie vollwertige Mitglieder einer Kirchengemeinde mit fast allen Rechten und Pflichten der Erwachsenen. Auch zum Abendmahl sind sie jetzt ausnahmslos zugelassen. Als Vorbereitung auf die Konfirmation erhalten sie einen mindestens einjährigen kirchlichen Unterricht.

Katholische Christen werden bereits mit acht Jahren beim Fest der Erstkommunion zum Abendmahl (Eucharistie) zugelassen. In der Firmung erfahren sie, mit 12 bis 14 Jahren, eine erneute Bestätigung der Taufe, durch die sie als Erwachsene in die Kirche aufgenommen werden.

Jugendfeier – Jugendweihe

Junge Menschen, die keiner Religionsgemeinschaft angehören, feiern häufig auch ein Fest, das ihre Aufnahme in die Welt der Erwachsenen anzeigen soll: die Jugendfeier oder Jugendweihe. Vorbereitungskurse helfen dabei, sich und die Welt der Erwachsenen zu entdecken. Die Jugendfeier ist für viele Jugendliche ein wichtiger Schritt auf dem Weg in das Erwachsensein. Die Jugendweihe stammt ursprünglich aus dem 19. Jahrhundert und ist nach dem Zweiten Weltkrieg in der DDR neu ins Leben gerufen worden – auch, um Konfirmation und Kommunion zu ersetzen und so den Einfluss der Kirchen zurückzudrängen. Noch heute ist sie besonders in Ostdeutschland für viele Jugendliche ein wichtiger Schritt auf dem Weg in das Erwachsensein.

Als Christin in Deutschland: Elfriede Begrich

Elfriede Begrich ist evangelische Pfarrerin. Sie lebt in Erfurt. Die Bibel hat für ihr Leben und Handeln eine große Bedeutung. Sie ist gegen Krieg, weil es in der Bibel heißt: »Du sollst nicht morden!« Und sie setzt sich für mehr Gerechtigkeit in der Welt ein, weil geschrieben steht: »Teil mit den Hungrigen dein Brot!«

Warum sind Sie Christin, Frau Begrich?
Ich bin Christin, weil ich in eine christliche Familie hinein geboren wurde; meine Eltern und Geschwister waren alle Christen. Später habe ich in der Kirche Menschen gefunden, die meine Fragen ernst genommen haben und versuchten, ehrlich zu antworten. Die Geschichten der Bibel haben mir dabei geholfen.

Viertes Kapitel | Religionen als Wege – Religionen auf dem Weg

ELFRIEDE BEGRICH (rechts) bei einer Taufe

Woran merkt man, dass sie Christin sind?
Wenn ich in der Öffentlichkeit rede oder ein Interview gebe, greife ich immer auf Worte aus der Bibel zurück.
Welches ist ihr Lieblingsfest?
Mein Lieblingsfest ist Ostern – es erzählt davon, dass Gott Jesus auferweckt hat und dass wir deshalb keine Angst vor dem Tod haben müssen.
Worauf hoffen Sie?
Dass der Traum der Menschen, von dem die Bibel erzählt, Wirklichkeit wird: dass alle sich verstehen, alles, was Menschen trennt, überwunden wird und diese Welt voll Frieden ist.
Sind Ihnen Islam und Judentum wichtig?
Am Islam gefällt mir gut, dass Muslime sich an äußeren Zeichen zu erkennen geben und sich nicht schämen, öffentlich zu beten. Das Judentum ist mir noch wichtiger, weil es die Quelle des Christentums ist, weil Jesus Jude war und wir ohne das Judentum die Bibel nicht verstehen können.
Was sollten alle Schülerinnen und Schüler über ihre Religion lernen?
Dass Christen glauben, dass Gott die Welt geschaffen hat, dass er die Welt und die Menschen liebt, dass Jesus Gottes Sohn ist und man an ihm sehen kann, wie Gott ist, dass sein Tod am Kreuz den Hass dieser Welt überwindet, dass die Menschen sich deshalb nicht fürchten müssen und dass das Leid dieser Welt einmal nicht mehr sein wird.

1 Sucht Eigenschaften von Kindern, die Erwachsene sich bewahren sollten. Was will JESUS damit ausdrücken, dass man nur wie ein Kind zu Gott gelangen kann?

2 Informiert euch genauer über die Feste der Konfirmation, Firmung, Jugendfeier (Jugendweihe) und stellt einander gegenüber: die Vorbereitung, den Ablauf und Sinn dieser Feste.

3 Organisiert ein Interview mit Christen zum Thema »Christsein heute« und/oder besucht eine Kirche in eurer Nähe. Welche christlichen Symbole* könnt ihr entdecken und erklären?

Seite 24 ◀ 4 Gestaltet eine Mindmap zum Thema »Christentum«.
Methode: Mindmapping

> Christen glauben, dass der Jude JESUS der Sohn Gottes und Retter der Welt ist. Diese Botschaft findet sich im Neuen Testament.
> Für JESUS bestand die wichtigste Lebensregel darin, dass Menschen ihre Nächsten lieben und mitmenschlich handeln. Christen wollen dieser Regel folgen.
> Christen stellen sich Gott menschlich vor. Sie sind überzeugt, dass ihnen Gott im Leben und Sterben nah ist.
> Christen glauben, dass Gott JESUS von den Toten auferweckt hat, jeden einzelnen auferweckt und so dem Leben einen Sinn über den Tod hinaus geben kann. Dieses Auferstehungsfest des Lebens feiern sie zu Ostern.
> Das Abendmahl und die Taufe gehören zu den wichtigsten zeichenhaften Handlungen im Christentum. Den Eintritt in das Erwachsenenalter feiern evangelische Christen mit der Konfirmation; für Katholiken ist die Firmung das Zeichen der vollwertigen Mitgliedschaft in ihrer Kirche.

Viertes Kapitel | Christentum

Islam

Vom Anfang: Mohammeds Weg zum Propheten*

Oft haben Menschen Angst, bevor sie einen neuen Weg im Leben einschlagen. So ging es auch MOHAMMED. Als erfolgreicher Kaufmann lebte er in der Handelsstadt Mekka, in der die meisten Menschen verschiedene Götter und Göttinnen verehrten, auch Geister und Dämonen sowie Stein- und Baumgottheiten; andere interessierten sich nur für ihre Geschäfte. Kaufleute aus Übersee machten MOHAMMED mit Juden und Christen bekannt. Von ihnen erfuhr er vom Glauben an einen einzigen Gott, der seinen Willen durch Menschen, die Propheten, ausdrücke. Wie MOHAMMED selbst ein solcher Prophet* wurde, darüber gibt der Koran* Auskunft.

Islam ◀
Wörtlich übersetzt: »Hingabe, Annahme, Unterwerfung«; in der arabischen Wortwurzel »s-l-m« sind auch »Friede« und »Heil« enthalten – eng verwandt mit dem Wort »Salam« (Frieden). Muslime sind demzufolge »Gott Ergebene« und »Friedenssucher«.

Der Islam

Entstehungszeit	7. Jahrhundert n. Chr.
Ort der Entstehung	Arabien
Religionsstifter oder wichtiger Vertreter	Mohammed
Heiliges Buch	Koran
Heilige Räume	Moschee
Heilige Zeiten	Freitag, Ramadan (Fastenmonat)
Verbreitung weltweit	1,3 Milliarden
In Deutschland	3,2 Millionen

Der Engel Gabriel gibt Mohammed den Koran

Mohammed machte sich oft auf den Weg in die Wüste in seine Höhle am Berg Hira. Er dachte dort über seinen Gott Allah und dessen Willen nach. Er war sehr traurig, weil nur wenige Menschen seine Predigt verstanden und an Allah glaubten. An einem sehr heißen Tag schlief er in der Höhle ein. Im Traum erschien ihm der Engel Gabriel. In seinen Händen hielt er eine mit Schriftzeichen bedeckte Schriftrolle. »Lies!«, rief der Engel mit mächtiger Stimme. »Ich kann nicht lesen«, rief Mohammed in großer Angst. »Lies!«, rief der Engel wieder. »Ich muss sterben«, antwortete Mohammed, »ich kann nicht lesen!« Doch der Engel ließ nicht von ihm ab. Ihm war, als würgte ihn der Engel. »Lies«, hörte er zum dritten Mal. In Todesangst stieß er die Frage aus: »Was soll ich lesen?« Dann hörte er den Engel sprechen: »Allah wird dir sagen, was er von den Menschen will und du wirst es wortwörtlich aufschreiben lassen. Wahrlich, die Menschen sind aufsässig und schlecht. Aber wenn du ihnen den Koran gibst, werden sie an Allah glauben und sich nach seinen Worten richten.«
Als Mohammed aufwachte, fühlte er sich, als ob die Schriftrolle, die der Engel Gabriel in seiner Hand gehabt hatte, nun in seinem Herzen sei. Er ging nach Hause und erzählte den Leuten, was der Engel Gabriel ihm

gesagt hatte. Später hat Mohammed alles in arabischer Sprache aufschreiben lassen, damit die Menschen an Allah glaubten und Gutes taten. Alles, was der Engel dem Mohammed gesagt hatte, steht heute im Koran. Es ist das heilige Buch der Muslime.

Nach Mohammed Ibn Ishâq: Das Leben des Propheten

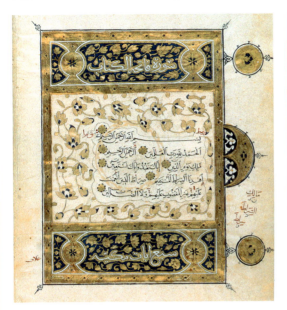

Eine prächtig beschriftete und verzierte Seite aus einem mittelalterlichen Koran

Mohammed, dargestellt ohne Gesichtszüge, erhält den Koran* auf dem Berg Hira bei Mekka. Für Muslime ist Mohammed, der Verkünder des Islam, der letzte und wichtigste Prophet* Gottes – nach Jesus, Moses und Abraham: Um 570 n. Chr. in Mekka/Arabien geboren und von seinem Onkel erzogen, wird er zu einem viel gereisten und erfolgreichen Kaufmann. Doch dann macht er tiefe Erfahrungen, die ihn dazu bringen, seine Landsleute zur Umkehr und zum Glauben an Allah aufzurufen. Diese bedrohen ihn, so dass er mit seiner Gemeinde nach Yatrib (später Medina) auswandert. Es gelingt ihm – teilweise in kriegerischen Auseinandersetzungen – die Mekkaner und arabischen Stämme für den Islam zu begeistern. Mohammed stirbt 632; doch der Aufstieg der neuen Weltreligion ist nicht mehr aufzuhalten.

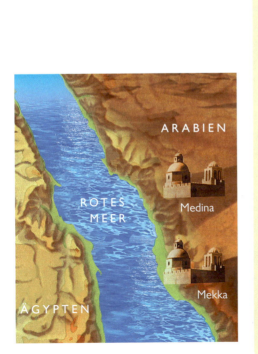

1. Suche Mekka und Medina auf einer Weltkarte.

2. Erkläre, warum Muslime allein die arabische Fassung des Koran* (und nicht zum Beispiel eine englische oder deutsche Übersetzung) für die wirklich richtige halten.

3. Beschreibe das Bild des Propheten. Wie mag er ausgesehen haben, als er den Koran* empfing?

4. Entnimm dem Text Informationen darüber, woran man einen Propheten* erkennt.

5. Was mag Mohammed den Mut gegeben haben, den Koran* weiterzugeben, obwohl er anfangs von vielen verlacht und verspottet, später sogar lebensgefährlich bedroht wurde?

Islam

Von Gott und seiner Einzigartigkeit

Die Muslime geben Allah, dem alleinigen Gott, den sie lieben und verehren, 99 Namen. Einige davon kannst du hier nachlesen. Manche versteht man leicht, bei einigen muss man gemeinsam überlegen, was sie bedeuten könnten. Ganz genau darf es niemand wissen – er wäre Gott gleich, heißt es.

Die schönsten Namen Gottes

Gott, der Barmherzige, der Erbarmer, der König, der Heilige, der Friede, der Gläubige, der Wachsame, der Mächtige, der Gestrenge, der Hochmütige, der Schöpfer, der Erschaffer, der Ordner, der Nachsichtige, der Herrscher, der immer währende Geber, der Verteiler aller Güter, der Siegreiche, der Wissende, der Einengende, der Ausweitende, der Demütigende, der Erhebende, der Ehrverleiher, der Erniedrigende, der Hörende, der Sehende, der Richtende, der Gerechte, der Gnädige, der Erfahrene, der Sanftmütige, der Unzugängliche, der Verzeihende, der Großzügige, der Hocherhabene, der Große, der Aufmerksame, der Ernährer, der Rechner, der Majestätische, der Edelmütige, der Überwacher, der Erhörer, der Allgegenwärtige, der Weise, der Liebende, der Glorreiche, der Erwecker, der Augenzeuge, der Wahre, der Treuhänder, der Starke, der Unerschütterliche, der Beschützer, der Lobenswerte, der Zählende, der Erneuerer, der Neuschöpfer, der Lebensspender, der Todbringende, der Lebendige, der In-sich-Seiende, der Vollkommene, der Vornehme, der Eine, der Souveräne, der Kraftvolle, der Allmächtige, der näher Bringende, […]

▸ **Ein Lob auf Gott** ◂
»Lob über Lob sei dir, Gott, allzeit:
Vom Kummer hast du plötzlich uns befreit,
Und wenn ein jedes Haar auch Zungen hätte:
Genug an Dank ich nie gesungen hätte.«
DSCHALALUDDIN RUMI, 13. Jahrhundert (Türkei)

Der Name Allahs in schöner arabischer Schrift in einer Moschee in Ägypten

Was Muslime glauben

Im islamischen Glaubensbekenntnis (Schahada) steht ein Satz im Mittelpunkt, den Muslime aussprechen:
»Es gibt keine Gottheit außer Allah. Mohammed ist der Gesandte Allahs.«
Für Muslime ist Allah größer als alles, was es auf der Welt gibt. Neugeborenen und Sterbenden wird die »Schahada« ins Ohr geflüstert. Sie wird bei der Beerdigung gesprochen, damit der Tote ins Paradies kommt. Überall in der Welt, wo es Muslime gibt, wird dieses Bekenntnis gesprochen. Jemand, der den Islam annehmen will, spricht die Schahada vor Zeugen aus, worüber diese eine Urkunde anfertigen und unterschreiben. Damit ist der Übertritt zum Islam rechtskräftig. Wer das Bekenntnis nicht mehr akzeptiert, wird aus der Gemeinschaft ausgestoßen oder nach strenger Auslegung gar getötet.

Warum beten?

Das Gebet bildet eine weitere Grundlage des Islam. Beten heißt für Muslime, den Islam als die Religion des einen Gottes anzunehmen und immer neu zu bekräftigen. Sie lieben und verehren MOHAMMED als Gottes Propheten – aber nicht als Gott (deshalb sind Muslime auch keine »Mohammedaner«). Fromme Muslime sprechen täglich zu bestimmten Uhrzeiten fünf rituelle* Gebete, zu denen jeweils der Gebetsrufer (Muezzin) von der Moschee aufruft. Dazu kommen das Freitagsgebet und viele einzelne Gebete. Alle Gebete enden mit dem Wunsch: »Friede sei mit dir«. Alle Gebete sind mit Handlungen verbunden (zum Beispiel Waschungen), die spezielle Bedeutungen haben.

Berliner Muslime beim Gebet – dazu ein Beispiel:
»O Gott, durch dich erleben wir den Abend, und durch dich erleben wir den Morgen; Durch dich leben und durch dich sterben wir, und zu dir werden wir auferstehen.«
Muslimische Tradition

1 Welcher Name gefällt dir besonders gut? Begründe deine Wahl.

2 Überlegt, warum nach muslimischem Glauben kein Mensch den 100. Namen Gottes kennen kann.

3 Welche Namen geben wir den Menschen, die wir lieben?

4 Erklärt, wie man Muslim wird. Vergleicht mit anderen Religionen.

5 Religiöse Muslime können sich unbedingt auf Allah verlassen. Diskutiert die Vorzüge, aber auch möglichen Probleme eines solchen Glaubens.

6 Woraus schöpfst du Hoffnung, dass alles gut werden wird?

Islam

Zusammen leben und Gutes tun: die Armensteuer (Zakat)

Aus Dankbarkeit gegenüber Gott sollen alle Muslime einen Teil ihres Einkommens den Armen geben, damit die Reichen nicht habgierig werden, denn Muslime betrachten sich als Geschwister. Diese Hilfe wird nicht als Steuer eingezogen, sondern direkt den Armen zugeleitet. Jeder Muslim ist verpflichtet, zwischen 2,5 und 10 Prozent seines Einkommens für die Armen und Bedürftigen in der Glaubensgemeinschaft zu geben. Dies gilt als Zeichen des Glaubens. So sollen gleichzeitig Freigiebigkeit und Liebe unter den Menschen gefördert werden. Über die jährliche Abgabe des Zakats hinaus kann ein freiwilliges Almosen (sadaqa) gegeben werden.

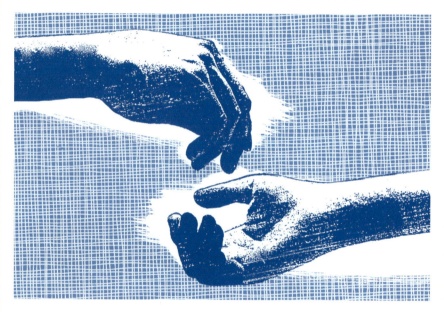

Wer freiwillig spendet, soll dies unauffällig tun und damit nicht prahlen – es reicht, wenn Gott es weiß. Daher empfiehlt die islamische Überlieferung: „Die Person, die spendet, soll nicht wissen, was ihre Hand gibt …"

Aus dem Koran*

»Frömmigkeit besteht nicht darin, dass ihr euer Gesicht nach Osten und Westen wendet. Frömmigkeit besteht darin, dass man an Gott, den Jüngsten Tag, die Engel, das Buch und die Propheten glaubt, dass man, aus Liebe zu Ihm, den Verwandten, den Waisen, den Bedürftigen, dem Reisenden und den Bettlern Geld zukommen lässt und (es) für den Loskauf der Sklaven und Gefangenen (ausgibt), und dass man das Gebet verrichtet und die Abgabe entrichtet.«

Q Sure 2, 177

»Und was ihr an Gutem spendet, es ist zu eurem Vorteil. Und ihr spendet nur in der Suche nach dem Antlitz Gottes. Und was ihr an Gutem spendet, wird euch voll zurückerstattet, und euch wird nicht Unrecht getan.«

Q Sure 2, 272

Was kommt mit dem Tod?

Wenn ein Muslim stirbt, dann versucht die Familie, sich selbst um den Leichnam kümmern zu dürfen. Er wird gewaschen und mit Düften und Gewürzen eingerieben. Anschließend wird der Leichnam in weiße Leintücher gewickelt. Der Körper wird meistens ohne einen Sarg und möglichst noch am Sterbetag beerdigt. Alle Muslime glauben an ein Leben nach dem Tod. Dies nennen sie »Akhira«. Sie glauben auch an einen Tag der Auferstehung und des göttlichen Gerichts über gute und böse, gläubige und ungläubige Menschen, die Gott nach seinem Urteil in das Paradies oder in die Hölle eingehen lässt. Dabei vertrauen sie auf seine Barmherzigkeit:

Gott lässt die Leute des Paradieses ins Paradies eingehen, er lässt durch seine Barmherzigkeit hineingehen, wen er will. Und er lässt die Leute des Höllenfeuers ins Feuer eingehen. Dann sagt er: Schaut hin, bringt heraus den, in dessen Herzen ihr auch nur das Gewicht eines Senfkörnchens Glauben findet.
Da bringen sie sie heraus wie verbrannte schwarze Scheite. Sie werden in den Fluss des Lebens geworfen, und sie wachsen darin, wie der Wüstensamen am Bachufer wächst. Habt ihr nicht gesehen, wie er gelb und geschmeidig herauskommt?

Q Aus der muslimischen Überlieferung

Hoffnungen im Islam

Während die Leute des Paradieses sich in ihrer Wonne befinden, strahlt über ihnen ein Licht auf. Sie erheben die Häupter, und siehe, der Herr erscheint ihnen von oben. Er sagt: Friede sei über euch, ihr Leute des Paradieses. Er schaut zu ihnen, und sie schauen zu ihm. Sein Licht und sein Segen verweilen über ihnen und ihren Behausungen.
Muslimische Überlieferung

1 Betrachtet das Bild auf Seite 96: Schreibt ein »Gespräch« zwischen den Händen auf.

2 Lest die Koran*-Texte durch: Wer ist ein frommer Muslim?

3 Vergleicht die Beerdigung bei den Muslimen mit denen, die ihr kennt oder von denen euch erzählt wurde: Welche Schwierigkeiten können Muslime in Deutschland bei der Beerdigung ihrer Angehörigen haben?

4 Betrachtet und beschreibt den Grabstein auf dieser Seite: Was verrät er über die Bedeutung des Koran* für Muslime?

5 Wie denkst du über das Leben nach dem Tod? Schreibe deine Vorstellungen auf und male ein Bild dazu. Vergleiche deine Vorstellung mit den Paradies-Vorstellungen der Muslime.

Koran-Darstellung auf einem muslimischen Grabstein

Islam

Vom Erinnern: Welches Fest ist besonders wichtig?

Jehan Sadat, eine Muslima aus Ägypten, erzählt:

Der Fastenmonat Ramadan ist eines meiner religiösen Lieblingsfeste. 30 Tage lang fasten wir von Sonnenaufgang bis Sonnenuntergang und dürfen nach dem Koran während dieser Zeit nicht eine einzige Krume Brot essen, nicht einen einzigen Schluck Wasser trinken. Zigaretten und Pfeifenrauchen, Intimitäten zwischen Mann und Frau, Fluchen und Streitigkeiten sind verboten. Mohammed, der Prophet, sagt: Damit sie lernen, sich zu beherrschen und sich mit den Armen zu identifizieren. Im Fasten geschieht die Danksagung für die Gaben des täglichen Lebens, indem man sich im Verzicht ihrer erinnert.

Wir Muslime beginnen mit dem Saum, dem Fasten, am Morgen, wenn man einen weißen vor den Himmel gehaltenen Faden deutlich von einem schwarzen zu unterscheiden vermag. Der Koran erlaubt den Kindern, mit dem Fasten zu warten, bis sie in die Pubertät (Geschlechtsreife) kommen, ja eigentlich sind nur volljährige und gesunde Muslime zum Fasten verpflichtet. Alte, Kranke, schwangere und stillende Frauen sind davon befreit, denn Fasten ist nur geboten, solange die Gesundheit der Fastenden keinen Schaden nimmt. Die Alltagspflichten sind nicht allzu anstrengend im Ramadan. Die meisten Geschäfte und Büros machen erst spät am Vormittag auf, damit jene, die die ganze Nacht hindurch aufbleiben, am Morgen ausschlafen können. Gegen Abend jedoch, wenn sich der Zeitpunkt nähert, der Augenblick, in dem das Fasten unterbrochen werden darf, verändert sich die Atmosphäre drastisch. Alle Muslime feiern dann mit ihrer ganzen Familie mit einem abendlichen Festmahl.

Fasten im Islam

Zu den religiösen Grundpflichten des Islam gehört das Fasten im 9. Monat (Ramadan) eines jeden Jahres. Der islamische Kalender richtet sich nach dem Mond, weswegen der Ramadan nach unserem Sonnenkalender jedes Jahr zu »wandern« scheint. Der Monat Ramadan ist deshalb so bedeutsam, weil nach islamischer Lehre in diesem Monat Mohammed die erste Koranbotschaft gehört hat – in Medina soll der Engel Gabriel Nacht für Nacht für ihn den Koran* rezitiert haben. Am 27. Ramadan wird die »Nacht der Bestimmung« gefeiert, in der der Koran herab gesandt wurde. Der Fastenmonat schließt mit dem »Fest des Fastenbrechens« (Zuckerfest) ab.

Die fünf Säulen des Islam

Neben dem Glaubensbekenntnis (1), den täglichen fünf Gebeten (2), der Armensteuer (3) und dem Fasten im Ramadan (4) kennt der Islam noch die so genannte Wallfahrt nach Mekka (5) als weitere Pflicht der Gläubigen; man spricht hier auch von den «fünf Säulen des Islam».

Die Mondsichel (Hilal) zeigt den heiligen Monat Ramadan an.

Feiern nach Allahs Willen?

Die Muslimische Jugend in Deutschland versendet in einem regelmäßigen Newsletter Tipps für muslimische Jugendliche – zum Beispiel für gelingende Sommerferien:

Sommerferien! Endlich hat man keine Verpflichtungen, man kann ausschlafen, gemütlich frühstücken, mal richtig fernsehen, mit Freunden rumhängen, vielleicht sogar verreisen. Und wie jedes Jahr sind die sechs Wochen ruckzuck vorbei und man fragt sich, was man eigentlich gemacht hat. Sicherlich hat man sich erholt und Spaß gehabt. Und das ist auch wichtig! Aber soll das alles gewesen sein? Oder verlangt Allah nicht vielleicht doch mehr von uns?
Der Prophet hat gesagt: »Nutze fünf Dinge vor fünf anderen: Dein Leben vor deinem Tod; deine Gesundheit vor deiner Krankheit; deine Freizeit vor deiner Beschäftigung; deine Jugend vor deinem Alter; deinen Reichtum vor deiner Armut.« Allah hat in seiner Barmherzigkeit den meisten von uns alle fünf Dinge geschenkt: Wir leben und sind gesund, haben Ferien und sind noch in der Blüte unserer Jugend und wir sind mit allem Wichtigen versorgt. Um dem Rat des Propheten ein klein bisschen folgen zu können, hier ein paar Tipps für die Sommerferien:
Plant eure Ferien und das Jahr danach! Wo steht ihr gerade? Seid ihr zufrieden mit euch? Was wollt ihr an euch ändern? Was möchtet ihr erreichen? In welchem Zeitraum? […] Eure Pläne lassen sich natürlich nicht ohne Allahs Hilfe und Beistand umsetzen, also sprecht mit Allah, schüttet Ihm euer Herz aus, bittet Ihn um Unterstützung. Der Prophet hat gesagt: »Bei Allah gibt es nichts Wertvolleres als das Bittgebet.« Nehmt euch täglich ein festes Pensum zu einer festen Tageszeit vor: Ihr könnt eure auswendig gelernten Suren wiederholen oder neue auswendig lernen. Oder ihr lest jeden Tag zwei Seiten im Koran und denkt darüber nach. […] Trefft euch mit guten Freunden und tut etwas Sinnvolles! Warum nicht an islamischen Freizeitveranstaltungen teilnehmen und dort neue Leute kennen lernen? Seid für andere da! […] Möge Allah allen wunderschöne Sommerferien schenken und mögen die Taten, die wir in dieser Zeit tun, am Jüngsten Tag schwer in unserer Waagschale wiegen.
Amin

Aus dem Internet-Auftritt der Muslimischen Jugend in Deutschland

1   Findet heraus, wann in diesem Jahr der Ramadan gefeiert wird.

2   Warum ist das Fasten ein guter Weg, sich zu erinnern? Was tust du, damit eine Zeit (eine Stunde, ein Tag) sich von anderen Zeiten besonders unterscheidet?

3   Informiert euch im Internet oder in einem Lexikon über die Wallfahrt nach Mekka und überlegt im Hinblick auf alle fünf Pflichten, welche Probleme fromme Muslime mit der Ausübung ihres Glaubens zum Beispiel in Deutschland haben.

4   Wie sollen junge Muslime nach Ansicht der »Muslimischen Jugend Deutschland« ihre Sommerferien gestalten? Vergleiche mit deinen Ferien und überlege, ob die Tipps hilfreich sind? Schreibe dann deine Tipps für gelingende Sommerferien auf.

Islam

Muslime heute: Pflicht zum Frieden

Ausgelöst besonders durch die Selbstmordattentate islamischer Terroristen fragen sich viele Menschen heute, ob diese Attentate mit dem Koran* gerechtfertigt werden können – so wie die Kreuzfahrer im Mittelalter ihre blutige Eroberung Jerusalems mit der Bibel zu begründen versuchten. Doch insbesondere gelehrte Muslime weisen darauf hin, dass der Koran das Töten von Menschen verbietet – sie lesen den Koran als Quelle des Friedens:

> Und die wahren Diener des Allbarmherzigen sind jene, die sanftmütig auf Erden einhergehen, und wenn die Unwissenden sie ansprechen, sagen sie: »Friede!« […]
> Und die (sind die wahren Diener Gottes), die keine Götter neben Gott anbeten, und die keine Seele töten, die zu töten Gott verboten hat, es sei denn nach dem Recht. […]. Und wer dies aber tut, den soll Strafe treffen.
> Koran, Suren 25, 64 und 68

Heiliger Krieg?

Jedoch kennt der Islam auch den »Dschihad«, einen so genannten heiligen Krieg, zu dem gläubige Muslime unter bestimmten Umständen verpflichtet sind: Er ist in erster Linie eine innere Bemühung (»Krieg«): um Hingabe an Gott – gegen den eigenen Unglauben oder gegen ein ausschweifendes Leben (»Großer Dschihad«).
Der Dschihad kann aber auch zum äußeren Krieg werden, wenn sich Muslime von sogenannten Ungläubigen angegriffen fühlen (»Kleiner Dschihad«). Im Koran* heißt es zum Beispiel: »Und erschlagt sie, wo immer ihr auf sie stoßt, und vertreibt sie, von wo sie euch vertrieben haben« (Sure, 2, 187). Auf Koranverse wie diese berufen sich heute radikale Muslime – ohne die besonderen Umstände zu berücksichtigen, in denen solche Aussagen aus der Frühzeit des Islam entstanden sind.

Als Muslima in Deutschland – Hamideh Mohaghegi

HAMIDEH MOHAGHEGI ist islamische Theologin. Im Iran geboren, lebt sie heute im niedersächsischen Hannover. Frau MOHAGHEGI setzt sich besonders für Frauenrechte und den Frieden ein. Große Bedeutung für ihr Leben spielt der Koranvers aus Sure 2, 204a: »Oh, die ihr glaubt. Tretet allesamt ein in den Frieden«.

wörtlich: »… in den Islam«

HAMIDEH MOHAGHEGI auf einem Fest der Religionen in Wunstorf bei Hannover

Viertes Kapitel | Religionen als Wege – Religionen auf dem Weg

Warum sind Sie Muslima, Frau Mohaghegi?
Ich bin in einer muslimischen Familie geboren und aufgewachsen. In meiner Erziehung habe ich festgestellt, dass der Islam für mich eine gute Orientierung im Leben ist.
Woran merkt man, dass Sie Muslima sind?
Ich versuche, die islamischen Regeln zu befolgen. Ich glaube an den barmherzigen Gott als Schöpfer und Erhalter der Schöpfung, bete fünfmal am Tag und faste einen Monat im Jahr. Werte wie Freundlichkeit, Friedfertigkeit und das Maßhalten in allen Bereichen sind mir sehr wichtig.
Welches ist Ihr Lieblingsfest?
Das Fest nach der Fastenzeit (id fitr). Das Fasten bewirkt das innere und äußere Wohlgefühl. In den Festtagen teilt man die persönliche Freude intensiv mit anderen.
Worauf hoffen Sie?
Auf eine bessere Welt, in der die Menschen in Frieden miteinander leben.
Sind ihnen Judentum und Christentum wichtig?
Alle Religionen kommen von einem einzigen Gott und sie lehren die Menschen, wie sie am besten ihr Leben gestalten können. Das Kennenlernen der anderen Religionen ist notwendig und hilfreich, um deren Anhänger zu kennen und zu respektieren. So kann man sich näher kommen, um in Freundschaft und Frieden miteinander zu leben.
Was sollten alle Schülerinnen und Schüler über Ihre Religion lernen?
Sie sollten die islamische Lehre kennen lernen. Dafür sollte man ergänzend zur Begegnung mit Muslimen auch die Quelle dieser Lehre lesen. Sie sollten wissen, dass die Anerkennung eines barmherzigen Gottes als Schöpfer und Erhalter der wichtigste Punkt im Glauben ist, der den Menschen innere Sicherheit und Frieden schenkt.

Straßenszene in einem muslimisch geprägten Stadtteil Berlins

1 Beschreibe die Haltungen zum »Krieg« im Islam und womit sie begründet werden.

2 Überlegt, warum die meisten Muslime sehr daran interessiert sind, in Frieden mit sich selbst und mit anderen Menschen zu leben.

3 Sucht den Kontakt zu muslimischen Mitschülern und befragt sie zum Islam*: Vielleicht habt ihr auch die Möglichkeit, eine Moschee zu besuchen und dort eure Fragen los zu werden.

> Muslime glauben, dass der Koran* Gottes Wort ist, das vom Propheten MOHAMMED wörtlich weitererzählt und dann niedergeschrieben wurde. Sie vertrauen ihr Leben Allah (Gott) an. Er allein ist für sie der Schöpfer der Erde und der Erhalter allen Lebens, auch über den Tod hinaus.
> Die tägliche Einhaltung von fünf Pflichten zeigt Dank und Respekt gegenüber Allah an. Muslime sind zur Unterstützung armer Mitgläubiger verpflichtet. Aus den religiösen Festen ragt der Fastenmonat Ramadan heraus. Obwohl muslimische Gewalttäter versuchen, ihre Taten mit dem Koran zu rechtfertigen, treten die meisten Muslime für ein Leben ohne Gewalt ein – weil sie als »wahre Diener des Allbarmherzigen« (Sure 25, 64) leben möchten.

Religionen auf dem Weg – wir sind ihnen begegnet

Fragen, die bleiben

Inzwischen seid ihr den Wegen großer Religionen nachgegangen. Versucht jetzt, eure Entdeckungen, Erfahrungen und auch Fragen zu bündeln:

1. Ordnet die Bilder auf dieser Doppelseite den drei Religionen zu.
2. Schaut euch die Infoboxen noch einmal genau an:
• Ergänzt Informationen zu den Festen – im Jahreskreis und im Lebenslauf, zu bedeutenden Orten sowie zu den wichtigsten Lebensregeln.
• Veranstaltet ein Quiz zu den Festen.
3. Judentum, Christentum und Islam – sie geben unterschiedliche, aber auch ähnliche und gleiche Antworten auf Fragen, die Menschen auf ihrem Lebensweg stellen:
• Seht euch die Fragen auf den Auftaktseiten 70/71 noch einmal an und ergänzt sie durch eigene Fragen, die ihr zusätzlich stellen möchtet.
• Sucht nun aus diesem Kapitel, am besten arbeitsteilig in Gruppen, die Antworten der drei Religionen auf die genannten Fragen heraus – und stellt sie dann vergleichend gegenüber.
4. Erörtert, ob Juden, Christen und Muslime an denselben Gott glauben.
5. Stellt euch vor, ihr müsstet vor eurer Geburt eine der drei vorgestellten Religionen wählen, in der ihr dann erzogen würdet: Welche würdet ihr wählen? Warum? Wonach würdet ihr entscheiden?
6. In welchen Punkten, glaubt ihr, wird ein Mensch durch seine religiöse Erziehung besonders geprägt? (Schaut euch dazu nochmals die Interviews mit den jeweiligen Vertretern der drei Religionen an.) Würdet ihr eure Kinder religiös erziehen?

Seite 111
Methode: Mit Gedanken experimentieren*

Seiten 80/81, 90/91 und 100/101

Viertes Kapitel | Religionen als Wege – Religionen auf dem Weg

Religionen auf dem Weg: Wie können wir sie noch besser kennen lernen?

Projekt: Religionen in unserer Umgebung

Judentum – Christentum – Islam: Wo begegnet ihr diesen Religionen in eurer Umgebung? Sucht nach ihren Zeichen, Zeugnissen und Zeugen:
- Wählt eine Religion aus und schaut sie euch näher an.
- Sprecht mit Menschen, die dieser Religion angehören.
- Informiert euch auch in Zeitungen, im Fernsehen, in Filmen oder im Internet.
- Unternehmt einen Ausflug zu Synagogen, Kirchen und Moscheen.
- Haltet eure Eindrücke und Erlebnisse in Bildern und Aufzeichnungen fest.
- Erstellt eine Wandzeitung oder einen Bericht.
- Ladet, vielleicht zusammen mit der Religionsgruppe, jemanden ein, der euch von einer dieser Religionen mehr erzählen kann.
- Wenn ihr selbst einer der drei vorgestellten Religionen angehört: Informiert euch genauer über sie und stellt sie euren Mitschülern vor. Versucht dabei, deren Fragen und Einwände zu beantworten.

Medientipp

Wer in einer Internet-Suchmaschine (zum Beispiel über www.google.de) das Wort »Medienzentrale« eingibt, stößt auf zahlreiche Einrichtungen, die Materialien zu euren Fragen anbieten: Filme, Dia-Reihen, CD-Rom, Bilder und Karten. Besprecht mit eurem Lehrer oder eurer Lehrerin, ob und wie ihr diese Dienste in Anspruch nehmen wollt.

Fünftes Kapitel

Von und mit der Natur leben

Seiten 66/67
Sind Mythen wahr?

[Wasser ist die natürliche Grundlage des Lebens: Mensch und Umwelt sind in vielfältiger Weise auf diesen Lebensspender angewiesen; oft sind sie ihm und seiner Naturgewalt aber auch schutzlos ausgeliefert.
Von jeher erzählt der Mensch in Mythen und religiösen Überlieferungen von der besonderen Bedeutung des Wassers. Daran wird deutlich, dass wir und unsere Welt in einen größeren Zusammenhang eingebettet sind.
Wie gehen wir eigentlich mit unseren natürlichen Grundlagen um?

»Ohne Wasser läuft nichts«

Fötus im 4. Monat …

Das »Wasser-Paradies«

So wie jedes Säugetier, so hat auch der Mensch seinen ersten Lebensabschnitt im Wasser zugebracht – zunächst als Embryo* und dann später als Fötus* im Fruchtwasser seiner Mutter. Mit der Geburt ist der Mensch demnach aus dem Wasser gekommen. Vielleicht erinnern wir uns ja unbewusst an dieses Wasser-Paradies, wenn wir uns wie schwerelos im Wasser treiben lassen oder entspannt darin tauchen. Wie könnte es in diesem kleinen Fruchtwasser-See wohl gewesen sein …?

… wie Fische im Wasser

Ich, ein Winzling, liege behaglich und geborgen in einem weichen, warmen Wasserbad und kann darin schlafen, unbeschwert schwimmen oder Purzelbäume schlagen – gerade so, wie ich es will. Zarte Wellen, hervorgerufen durch
5 den gleichmäßigen Pulsschlag meiner Verbindungsschnur zu einer der Wände um mich herum, geben mir ein Gefühl vertrauter Geborgenheit. Ab und zu taste oder schmecke ich, was so um mich herum schwebt. Gespannt horche ich auf ferne Laute, wenn ich nicht gerade unbesorgt vor mich
10 hin dämmere.
Doch plötzlich ist es mit der Ruhe und Behaglichkeit vorbei. Weit draußen sind rätselhafte Geräusche zu hören, deren Ursprung ich mir nicht erklären kann. Ich gerate in helle Aufregung und stoße mehrfach heftig an die Wände
15 meiner Kammer. Da vernehme ich eine leise, sanfte Stimme in meinem Ohr:
»Habe keine Angst. Was du da gerade gehört hast, das war Ultraschall. Aber zuerst will ich mich einmal vorstellen: Ich bin dein warmer und weicher See aus vielen Wassertropfen,
20 die dich schützen und ernähren …«

Fachübergreifend (Biologie): Das Fruchtwasser

Das Fruchtwasser ist eine Lösung, die sich ständig erneuert und vom Fötus* getrunken und ausgeschieden wird. Es mischt sich mit allem, was der Magen-Darmtrakt, die Atemorgane oder die Haut hineinlassen. Am Ende der Entwicklung werden aus etwa 50 Milliliter (ml) fast 1.500 ml Fruchtwasser – die anfangs klare Farbe nimmt einen milchig-gelblichen Farbton an. Das Fruchtwasser dient auch als »Stoßdämpfer« und leitet den Schall besser als die Luft, sodass der Fötus auch die Geräusche um die Mutter herum aufnimmt.
- Tragt weitere Informationen über das Fruchtwasser zusammen: über Herkunft, Aufgabe und Verbleib bei der Geburt.
- Überlegt und diskutiert, warum das Fruchtwasser immer wieder als »paradiesisch« beschrieben wird.

Aus dem Wasser entstanden

Der griechische Naturwissenschaftler und Philosoph* THALES VON MILET war der Meinung, alles sei aus dem Wasser entstanden. Mit ihm beginnt die Geschichte der Philosophie. THALES meint: Alles Sein hat einen gemeinsamen natürlichen Ursprung: das Wasser. Hinter allem Wechsel der einzelnen Erscheinungen wie Sommer und Winter, Blühen und Welken, Leben und Tod bleibt ein unvergänglicher, ewiger und allen Dingen gemeinsamer natürlicher Urgrund. THALES glaubte, dass »weder etwas (aus dem Nichts) entstehe, noch (in das Nichts) vergehe«, da der natürliche Ursprung immer erhalten bleibe.

THALES war übrigens davon überzeugt, die Erde ruhe als Scheibe auf dem Wasser. Das Auftreten von Erdbeben erklärte er naturwissenschaftlich durch Schwankungen der Erdscheibe.

THALES VON MILET (ungefähr 624–546 v. Chr.)

1. Erzählt die Geschichte des Fruchtwassers weiter und versucht dabei, eure gewonnenen Erkenntnisse über die Bedeutung des Fruchtwassers in den Text einzubauen.

2. Berichtet von euren Wassererlebnissen: Gefühlen des Glücks, der Geborgenheit, der Angst …

3. Welche Rolle spielt eigentlich Wasser sonst im Alltag?

> Wie wir am Beispiel des Fruchtwassers sehen, ist Wasser für die Entwicklung jedes einzelnen Menschen lebensnotwendig. Aber auch für die gesamte Menschheit ist Wasser ein unverzichtbares »Lebensmittel«. Zu den »Geschwistern« des Fruchtwassers gehören Regen, Bäche, Flüsse, Seen und Meere.
> Wasser spielt eine Hauptrolle im Leben: Es erhält das Leben und ist in vielfältiger Weise von praktischem Nutzen. Außerdem dient es der Erholung und befriedigt auch das Bedürfnis der Menschen nach Schönheit in der Natur und in der Kunst. Zahlreiche Sprichwörter und Redensarten greifen auf Aspekte des Wassers zurück und sind deswegen häufig »Quellen« des Nachdenkens.

Wasser erleben – mit Wasser umgehen

Wasser ist ...

Die Moldau in Prag

... nass,
... warm,
... laut,
... süß,
... wichtig.
Wasser ist ...
– ja, wie eigentlich noch?

Sicherlich kennst du weitere Eigenschaften von Wasser: Jeder gesunde Mensch hat fünf Sinne – er kann hören, sehen, riechen, schmecken und tasten. Du kannst Wasser ebenfalls hören, sehen, riechen, schmecken und tasten.

Fachübergreifend (Musik): Wasser hören

In unserem Nachbarland Tschechien gibt es den Fluss Moldau. Der tschechische Tondichter (Komponist) BEDRICH SMETANA schaffte es, das Wasser der Moldau hörbar zu machen. So beschrieb SMETANA das musikalische Programm der »Moldau«:
»Die Komposition schildert den Lauf der Moldau, angefangen von den beiden kleinen Quellen, der Kühlen und der Warmen Moldau, über die Vereinigung der beiden Bächlein zu einem Strom, den Lauf der Moldau durch Wälder und Fluren, durch Landschaften [...]. Die Moldau wirbelt in den St.-Johann-Stromschnellen; im breiten Strom fließt sie weiter gegen Prag [...] und in majestätischem Lauf entschwindet sie in der Ferne schließlich in die Elbe.« – So fließt das Wasser der Moldau auch durch Deutschland.
• Fragt eure Musiklehrerin oder euren -lehrer, ob ihr die Musik Smetanas hören dürft. Dann schließt die Augen und stellt euch dieses »Naturerlebnis« vor.
• Auch du kannst Wasser hörbar machen. Fülle sechs Flaschen mit unterschiedlich viel Wasser. Beim vorsichtigen Reinpusten erzeugt jede Flasche einen anderen Ton. Sechs Töne reichen aus, um ein bekanntes Kinderlied anzustimmen ...

Komposition: Aufbau und Gestaltung eines Musikstückes.

Lesen im Toten Meer? Der hohe Salzgehalt macht es möglich

Die Rose von Jericho

Vorher …

Nachher …

Wasser ist nicht gleich Wasser

Im nachfolgenden Versuch gilt es, eine Naturerscheinung zu untersuchen:
Die Wassermassen der Ozeane füllen ungefähr dreiviertel der Erdoberfläche aus – es handelt sich dabei um Salzwasser. In jedem Liter aus dem Ozean befinden sich etwa 35 Gramm Salz.
- Fülle in einen Liter Trinkwasser aus der Wasserleitung 35 Gramm Salz.
- Löse das Salz durch Rühren auf und koste anschließend vorsichtig dein Gemisch. Was stellst du fest?
- Beschreibt möglichst genau durch unterschiedliche Adjektive eure Geschmacksempfindungen – einmal bei Süß- und das andere Mal bei Salzwasser.

Eine ungewöhnliche Pflanze

Es gibt eine Pflanze, die lange Zeit ohne Wasser und ohne Boden leben kann – die »Rose von Jericho«. Außerdem verträgt diese Pflanze große Hitze und auch starke Kälte. Ihr könnt diese Pflanze fast immer – so oft ihr wollt – zum Aufblühen bringen. Womit? Natürlich mit Wasser. Denn Wasser ist Leben. Es hört sich an wie ein Wunder, aber Wasser kann Wunder wahr machen. In wenigen Minuten wird aus einer unförmigen leblosen Knolle ein flaches, samtgrünes Gewächs. Entziht ihr dieser Pflanze dann wieder das Wasser, verwandelt sie sich in die leblose Knolle zurück und wartet auf den Tag, an dem sie wieder Wasser bekommt. Bist du neugierig geworden? In deinem Umfeld gibt es bestimmt jemanden, der die »Rose von Jericho« besitzt. Wenn du das »Erblühen« beobachtest, kannst du erfahren, welche Bedeutung Wasser für die Natur hat.

1. Überlege, wie du mit verschiedenen Sinnen Wasser »erleben« kannst: Denke dabei an Geschmack und Temperatur.

2. Früher verdursteten bisweilen die Matrosen auf hoher See, wenn die Süßwasservorräte auf ihren Schiffen aufgebraucht waren – obwohl doch genug Wasser um sie herum zur Verfügung stand: Findet ihr eine Erklärung?

3. Was könnte der Grund dafür sein, dass das Tote Meer »tot« ist?

4. Welches Wasser trinkst du am liebsten? Begründe deine Meinung.

5. Gibt es nicht genug Wasser? Trotzdem kämpfen Menschen darum. Diskutiert, warum das so ist.

Wasser erleben – mit Wasser umgehen

(Kein) Wasser aus der Leitung

Es herrscht furchtbare Sommerhitze. Dein Haustier, deine Zimmerpflanze und nicht zuletzt auch du: Alle wirken durstig, fühlen sich matt, sehnen sich nach Erfrischung. Kein Problem für dich: ein kurzer Gang in die Küche oder ins Bad, eine kleine Drehung des Wasserhahns und sofort fließt frisches, sauberes Wasser aus der Leitung – so viel und so lange du willst. Wasser ist für uns eine alltägliche Selbstverständlichkeit; man muss nur den Hahn öffnen. Ein Druck auf den Toilettenspülkasten – und unsere Fäkalien sind entsorgt. Wo ist da ein Problem? Warum soll man sich über unseren Wasserverbrauch Gedanken machen? Vielleicht musste in deiner Straße schon einmal für ein paar Stunden das Wasser wegen Reparaturarbeiten abgestellt werden. Dann hast du sicher miterlebt, welche Vorkehrungen zu Hause getroffen wurden, um diese wasserlose Zeit zu überbrücken. Vielleicht sind dir schon wenige Stunden ohne fließendes Wasser wie ein unangenehmer Ausnahmezustand erschienen. Stelle dir aber nun einmal vor, es käme für Wochen oder Monate kein Wasser mehr aus der Leitung. Dann würdest du dich in einer Situation befinden, wie sie in vielen Teilen der Welt herrscht, wo die Versorgung mit sauberem Trinkwasser aus Versorgungsleitungen und die Entsorgung von Fäkalien durch Abwasserleitungen keine Selbstverständlichkeit sind. Etwa 1,2 Milliarden Menschen auf der Welt (das sind etwa 20 Prozent der Weltbevölkerung) haben keine verlässliche Versorgung mit sauberem Trinkwasser und Sanitärwasser. Eine einzige Toilettenspülung bei uns verbraucht so viel Wasser wie ein Mensch in den armen Ländern pro Tag zur Verfügung hat.

Freiluft-»Toilette« im Mittelalter – noch ohne geregelte Entsorgung … (französische Buchmalerei, 14. Jahrhundert)

Noch gar nicht so lange gibt es bei uns und anderswo einen Kreislauf aus Frischwasserzufuhr sowie Entsorgung und Reinigung des schmutzigen Altwassers.

Wasser ist kostbar: Weisheiten aus aller Welt

Q »Kein Frosch trinkt den Tümpel leer, in dem er lebt.«
Sprichwort der Inka

Q »Vergossenes Wasser kehrt nicht in die Flasche zurück.«
Aus Kenia

Q »Wo das Wasser endet, endet auch die Welt.«
Aus Usbekistan

Methode: Mit Gedanken experimentieren*
Ist scheinbar Selbstverständliches wahr? Gilt diese oder jene Vermutung wirklich? Wenn du in Gedanken bestimmte Annahmen machst, die zwar zutreffen könnten, es aber in Wirklichkeit nicht tun, kommst du der Antwort schon näher:
Gedankliche Experimente werden häufig eingeleitet mit Wendungen wie »Nehmen wir an …«, »Stellen wir uns vor« oder »Was wäre, wenn …?« Im Gegensatz zu naturwissenschaftlichen Experimenten wird die Versuchsanordnung hier nur in Gedanken vorgenommen; aber wie bei diesen liegt der Sinn eines Gedankenexperiments in den (neuen) Ergebnissen, die man mit der gedanklichen Durchführung des Versuchs erzielen will.

1. Erkundigt euch: Woher kommt euer Wasser, bevor es aus dem Hahn sprudelt? Muss es vorher »aufbereitet« werden? Gibt es in eurer Heimat Quellen, Bäche und, Wasserschutzgebiete?

2. Wie viel und zu welchem Zweck verbraucht deine Familie täglich Wasser? (ein exakter Verbrauchsmesser ist die Wasseruhr im Keller!) Entspricht euer Wasserverbrauch dem durchschnittlichen Verbrauch in Deutschland (etwa 130 Liter pro Kopf und pro Tag)?

3. Stellt euch vor: Kein Wasser (mehr) aus der Leitung – was nun?
   • Welche Folgen hätte das fehlende Wasser?
   • Was könntest du tun, um Abhilfe zu schaffen? (Gehe dabei davon aus, dass es deiner Nachbarschaft ebenso geht wie dir – du also in deiner Umgebung nicht um eine Wasserspende bitten kannst!)
   • Wie viele Wassereimer müsstest du für deinen Wasserbedarf herbeischleppen – und woher?
   • Wie könntest du Wasser einsparen?

Frauen und Kinder sind die Wasserträger der armen Welt: In manchen Gebieten Afrikas müssen Frauen für 20 Liter Wasser 20 Kilometer laufen …

Es gibt gute Gründe, warum wir Menschen Achtung vor dem Wasser haben sollten: Wasser ist sehr vielseitig. Natur kann ohne Wasser nicht existieren, genauso wenig wie der Mensch. Wasser ist ein Teil der Umwelt – alles Leben ist vom Wasser abhängig.
Sprichwörter zeigen, dass weltweit viele Menschen den Wert des Lebensmittels Wasser erkennen und einen verantwortungsvollen Umgang mit diesem Naturstoff wünschen.
Vermutlich schon im Jahr 2050 wird fast jeder vierte Mensch in einem Land leben, wo das Wasser knapp geworden ist: Sauberes Süßwasser wird in Zukunft wertvoller und umkämpfter sein als Gold, Erdöl oder Geld.

Fünftes Kapitel | Wasser erleben – mit Wasser umgehen

Wasser – Segen oder Fluch?

Altes Wasserrad (Deutschland)

Sicher hast du schon einmal einen Wasserfall gesehen, gehört und erlebt. Ist es nicht faszinierend, welche Kraft Wasser hat? Diese Kraft wurde von den Menschen schon vor langer Zeit erkannt – und auch genutzt. Wasserräder gab es zum Beispiel schon im alten Ägypten, um Felder zu bewässern; durch Wassermühlen wurden Mühlsteine bewegt, um Getreide zu mahlen. Heute wird Wasser gestaut, um an Staudämmen Turbinen anzutreiben und Elektrizität zu gewinnen. Neben dem Wind ist Wasser eine der stärksten erneuerbaren Energiequellen.

> **Fachübergreifend (Geografie): Ägypten – Land des Nils**
> Ägypten ist ein großes Land in Nordafrika. Durch dieses Land fließt der längste Strom der Erde, der Nil. Links und rechts des Nils gibt es fruchtbaren Boden; der Rest des Landes ist Wüste. So ist der fruchtbare Teil des Landes ein Geschenk des Nils.
> • Wenn du deinen Atlas zu Hilfe nimmst, wirst du dieses Land finden, der Nilverlauf erinnert dabei an eine Pflanze.
> • Informiere dich darüber, was sich im Land des Nils in Sachen »Wasser« und »Bewässerung« inzwischen verändert hat.

Lebensnotwendiges Wasser

Im alten Ägypten hätte sich ohne Überschwemmung nie eine Kultur* entwickeln können, denn hier regnet es noch heute sehr selten. Ohne die jährliche Überflutung wäre das gesamte Land nur Wüste. Jahrtausendelang begann fast auf den Tag genau ab dem 15. Juli der Wasserspiegel des Nil anzusteigen und bis zum Oktober hatte sich das Wasser mit den mitgeführten Schlammmassen auf beiden Seiten des Nils ausgebreitet. Schon in vorchristlicher Zeit notierte der Schreiber PAI-BES:

»In den Kanälen gibt es Fische im Überfluss, auf den Seen Massen von Vögeln. Die Felder sind saftig grün, die Ufer tragen Dattelpalmen. Die großen Getreidespeicher sind voll Weizen und Gerste. Es gibt Knoblauch, Weizen, Gemüse und Obst, sogar Wein und Honig. [...] Selbst der Bescheidene, der hier wohnt, ist besser dran als die Mächtigen in anderen Teilen der Welt.«

Am fruchtbaren Nilufer (Ägypten)

Fünftes Kapitel | Von und mit der Natur leben

Zerstörerisches Wasser

Überschwemmungen kommen auch in anderen Ländern vor; dabei sind sie nicht nur von Nutzen. Im Gegenteil: Sie bringen Krankheit, Zerstörung, Hunger, Elend und Tod. So kann Wasser auch zum Fluch werden. Viele Menschen sind dann auf die Hilfe anderer angewiesen.

Mosambik: Eigentlich verläuft hier eine Autobahn … – Durch Hochwasser sind immer wieder Millionen Menschen bedroht.

Überschwemmungen gibt es auch in Deutschland – wie hier in Pirna (Sachsen) 2002.

1. Welche Flutkatastrophen sind dir aus den letzten Jahren bekannt? Informiere dich über die betroffenen Länder.

2. Vergleicht die Ausmaße von Flutkatastrophen in verschiedenen Ländern. Worin bestehen die Unterschiede? Überprüft, ob und welchen Anteil die Menschen an den Katastrophen haben.

3. Welche Hilfsorganisationen kennst du, die bei solchen Katastrophen im Einsatz sind?

4. Menschen können niemals sicher vor Naturkatastrophen sein. Überlegt am Beispiel der Tsunami*-Katastrophe 2004, ob und wie man sich dennoch schützen kann.

> Wasser ist wertvoll, Wasser ist lebensnotwendig – eine notwendige Voraussetzung für die Fruchtbarkeit des Bodens. Dieser Naturstoff kann aber auch zu einer Bedrohung werden; dann sind nicht nur Menschen in großer Gefahr: Es gibt Möglichkeiten, diese Gefahren zu erkennen und vorbeugend zu handeln. Wasser kennt keine Ländergrenzen; es macht vor diesen auch nicht Halt. Deshalb muss die Menschheit eine weltweite Verantwortung übernehmen.

Fünftes Kapitel | Wasser – Segen oder Fluch?

Wasser in den Religionen

Beispiel Bibel

Menschen, Tiere und Pflanzen brauchen Wasser, um zu leben. Außerdem reinigen wir uns täglich mit Wasser: Wir duschen, waschen die Hände, putzen die Zähne, gehen Baden. Wen wundert es da, dass Wasser auch ein Symbol* ist? In vielen Religionen steht »Wasser« für die innere »Reinigung« des Menschen – für den Übergang zu einem neuen Leben, aber auch für Vernichtung und Tod.
Ein berühmtes Beispiel findet ihr in der Hebräischen Bibel*. Dort steht die Geschichte von Noah, einem schiffähnlichen Kasten (Arche) und einer Flutkatastrophe (Sintflut*):

Die Arche Noah

Die Menschen verbreiteten sich über die ganze Erde. Aber sie kümmerten sich nicht um das Gute. Fast alles, was sie dachten und taten, war böse. Darüber war Gott traurig. Er sprach: »Es reut mich, dass ich die Menschen geschaffen habe. Ich will sie von der Erde vertilgen.«
Nur ein Mensch lebte noch nach Gottes Willen. Er hieß Noah. Auch seine Frau und seine drei Söhne waren gute Menschen. Gott sprach zu Noah: »Mit der Menschheit geht es zu Ende. Bald wird die Große Flut über sie hereinbrechen. Aber du, deine Frau, deine drei Söhne und ihre Frauen und Kinder sollen gerettet werden. Bau dir ein Schiff aus Holz mit drei Stockwerken und einem Dach. Nimm von allen Tieren ein Männchen und ein Weibchen mit, denn ich will, dass das Leben erhalten bleibt. Und denk an das Futter für die Tiere und das Essen für dich und deine Familie […].
Nach 1. Mose 6–9

Wie könnte die Geschichte weitergehen?

György Lehoczky, Arche Noah (1966)

Wasser - Symbol* für neues Leben

In allen christlichen Kirchen spielt die Taufe eine große Rolle – von jeher. Über das Besondere daran informierst du dich am besten im Kapitel »Religionen« (Seite 89).

Schauplatz Israel: eine christliche Taufe im Jordan, nahe dem See Genezareth. Der Überlieferung nach wurde JESUS in dieser Gegend von JOHANNES DEM TÄUFER getauft.

Gläubige Hindus baden im Ganges (Indien)

Auch in anderen Religionen hat das Wasser eine besondere Bedeutung: Regelmäßig reinigen sich Anhänger des Hinduismus mit dem »heiligen Wasser« des Ganges.

1   Findet heraus, welche Rolle das Wasser spielt: bei Juden, Christen, Muslimen und Hindus.

2   Wurdest du getauft? Was kannst du darüber in Erfahrung bringen?

3   Welche Aufgabe hat ein Taufbecken – und woran erkennt man es?

4   Wozu wird in der Kirche Wasser verwendet? Du kannst dabei auch Menschen fragen, die öfters in die Kirche gehen.

5   In der Bibel gibt es mehrere Geschichten, in denen Wasser eine besondere Rolle spielt: Findet einige dieser Geschichten und erzählt, worum es dort geht.

6   Erkundigt euch: Kennen andere Religionen und Kulturkreise ebenfalls Flutgeschichten? Welche könnt ihr in Erfahrung bringen?

> →← In der Sintflut* wird nach der Geschichte der Bibel alles vernichtet; dennoch erhielten die Menschen eine zweite Chance. Haben sie diese Möglichkeit genutzt?
> Achten und schätzen die Menschen das Wasser im täglichen Leben ebenso wie in den religiösen Ritualen*? Gehen sie respektvoll und verantwortungsbewusst mit ihren natürlichen Lebensgrundlagen um?

Fünftes Kapitel | Wasser in den Religionen

»Natürlich« leben

Der Dichter Johann Wolfgang von Goethe hat einmal gesagt: »Alles ist aus dem Wasser entsprungen. Alles wird durch das Wasser erhalten.« Was könnte er mit dieser Aussage gemeint haben?

Es ist nicht selbstverständlich, genügend sauberes Wasser zu haben: Informiere dich im Atlas über die Lage des Staates Bangladesh. Schau dir anschließend die Tabelle an und vergleiche die Wassersituation in Deutschland mit der in Bangladesh. Welche Schlüsse ziehst du? Haben wir eine Verantwortung für die Lebenssituation der Menschen in Ländern wie Bangladesh? Können wir überhaupt etwas für den Erhalt des Lebensmittels »Wasser« tun?

Wasser in	... Deutschland	... Bangladesh
Besorgen von Trinkwasser	kommt durch Leitungen in die Wohnung	meist Aufgabe von Frauen und Kindern; oft teurer Kauf bei privaten Wasseranbietern
Qualität des Wassers	gut bis sehr gut; sauber und keimfrei	meist verschmutzt und mit Krankheitskeimen belastet
Niederschlag (Verteilung im Jahr; Menge)	meist das ganze Jahr über gleichmäßig	unregelmäßig; Trockenperiode (Wassermangel) und Regenzeit (Überschwemmungen)
Abhängigkeit von Zuflüssen	geringe Abhängigkeit	große Abhängigkeit (von Indien)

Zurück und nach vorn blicken

1. Fasse zusammen, welche Bedeutung das Naturelement »Wasser« für den Menschen und die gesamte Natur hat.
   - Wozu brauchen Mensch und Natur das Wasser?
   - Wann stellt das Wasser für den Menschen und die Natur eine Bedrohung dar?
   - Wie gehen Menschen mit dem Naturelement »Wasser« um?

2. Vielleicht habt ihr am Anfang dieses Kapitels gedacht, dass die Beschäftigung mit der Natur – besonders mit dem Naturelement »Wasser« – eine langweilige Angelegenheit werden könnte:
   - Wie seht ihr heute diese Sache? Ist »Wasser« ein »langweiliger« Unterrichtsstoff, »Natur« ein uninteressantes Thema?
   - Was bedeutet »Natur« für uns? Ist sie mehr als unsere Lebensgrundlage?

3. Das Beispiel Wasser zeigt, dass der Mensch in vielfältiger Weise mit der Natur verbunden ist und von ihr lebt: Er benutzt und verbraucht die Natur, gestaltet sein Leben mit ihr in Harmonie oder gerät mit ihr aneinander. Jeder Mensch sollte sich Gedanken machen, was er für den Erhalt der Natur tun kann, damit die natürlichen Lebensgrundlagen für alle erhalten bleiben.

4. Thales glaubte, das Wasser sei ewiger »Urgrund alles Seins«: Hat die Annahme des Thales für unseren Naturumgang noch eine Bedeutung?

Auf dem Weg in die Klima-Katastrophe?

Alpengletscher: links 1904, rechts 2002

Unaufhörlich schrumpfen der Alpengletscher »Gepatschferner« und Tausende anderer Eisberge dieser Erde. Alpengletscher sind seit 1990 um 90 Zentimeter pro Jahr zurückgegangen und haben seit 1850 etwa die Hälfte ihrer Masse verloren. Deswegen konnte auch vor einiger Zeit die Gletschermumie »Ötzi« entdeckt werden, die 5.000 Jahre unter dem Eis verborgen geblieben war.
Es gibt heute zunehmende Anzeichen für einen weltweiten Klimawechsel. Welchen Anteil das menschliche Handeln an der befürchteten Klimaveränderung hat, darüber streiten die Wissenschaftler/innen noch. Natürlich gab es Klimakatastrophen schon immer. Viele sagen aber, dass uns dramatische Veränderungen bevorstehen. Selbst wenn dafür maßgeblich natürliche Faktoren verantwortlich sein sollten – zum Beispiel eine Zunahme der Sonnenaktivität –, müssen wir uns dennoch fragen, was wir zum Schutz der Natur tun können.
Laut der Klimaschutz-Abmachung von Kyoto, an die sich seit 2005 viele Staaten halten wollen, »dürfen« die Temperaturen bis zum Jahr 2100 weltweit nur um höchstens zwei Grad steigen. Ob diese Maßnahmen verhindern können, dass aus der Erde ein Treibhaus wird?

Lesetipp

www.gletscherarchiv.de: Fotodokumentation europäischer Gletscher im Jahrhundertvergleich

Rettungsaktion Planet Erde. Kinder der Welt zum Umweltgipfel von Rio, Mannheim: Bibliographisches Institut 1994

Projekt: Klimawandel

Unseren sorglosen Umgang mit Naturelementen und Rohstoffen sowie den ungebremsten Anstieg des Verkehrs können wir uns nicht mehr lange leisten. Es muss etwas geschehen:
• Informiert euch über Ursachen (Verbrennung von Kohle, Öl und Gas), Auslöser (Treibhausgase) und Folgen des Klimawandels.
• Entwerft ein Denkmodell (Szenario), welche Folgen der Anstieg des Meeresspiegels um drei bis fünf Meter im nächsten Jahrhundert für Deutschland oder andere Länder hätte.
• Welche Aktionen zum Schutz der Lufthülle der Erde (Atmosphäre) sind bisher ergriffen oder geplant worden? Sind die Maßnahmen ausreichend?

Fünftes Kapitel | Natürlich leben

Ein Rätsel für dich

Anfassen kann man sie nicht.
Festhalten auch nicht.
Vielleicht ist sie so etwas wie ein Duft?
Etwas, das immerzu vorbeigeht?
Wo kommt sie her?
Vielleicht ist sie auch so etwas wie der Wind?
Oder eine Art Musik?

Michael Ende: Momo

Sechstes Kapitel

Rätsel des Lebens

Rätsel des Lebens und die Philosophie*

Schon vor mehr als 2.500 Jahren fingen die Menschen im alten Griechenland an, über den Ursprung der Welt nachzudenken – wie und warum die Welt entstand. Sie wollten diese und ähnliche Fragen nicht mehr mit einem Märchen oder einem Mythos beantworten, sondern durch ihre eigene Vernunft*. Das war die Geburtsstunde der Philosophie*.
Wer über philosophische Probleme nachdenkt, merkt, dass sich immer wieder neue Fragen auftun: Auf viele dieser Fragen geben Menschen unterschiedliche Antworten; einige lassen sich nicht endgültig beantworten. Auch deswegen kann die Philosophie* aufregend und spannend sein – schaut euch die folgenden Fragen an:

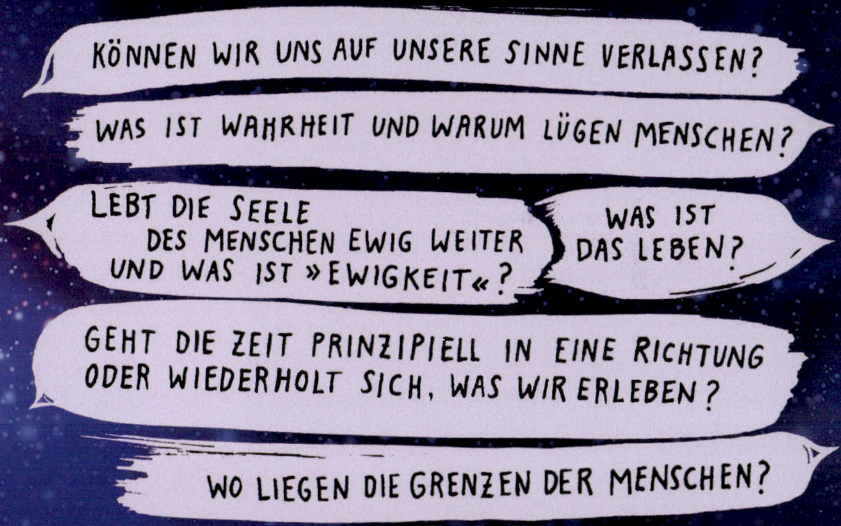

Seiten 58–69
Kapitel Mythen

KÖNNEN WIR UNS AUF UNSERE SINNE VERLASSEN?

WAS IST WAHRHEIT UND WARUM LÜGEN MENSCHEN?

LEBT DIE SEELE DES MENSCHEN EWIG WEITER UND WAS IST »EWIGKEIT«?

WAS IST DAS LEBEN?

GEHT DIE ZEIT PRINZIPIELL IN EINE RICHTUNG ODER WIEDERHOLT SICH, WAS WIR ERLEBEN?

WO LIEGEN DIE GRENZEN DER MENSCHEN?

1 Wenn du das Rätsel auf der linken Seite herausbekommen hast: Verrate die Antwort nicht gleich, sondern male sie.

2 Überlegt: Was braucht man, um in Ruhe philosophieren* zu können?

3 Besprecht die Fragen in den Sprechblasen: Tauscht eure Ideen dazu aus und findet weitere philosophische Fragen.

Von Wirklichkeit und Wahrheit

»Die Gedanken sind frei«, lautet eine Volksweisheit – so frei, dass ihr euch alles Mögliche ausdenken könnt. Dazu zählen auch Dinge, die es gar nicht gibt. Anders ist es, wenn wir mit wachen Sinnen in die Welt schauen. Was wir mit eigenen Augen und Ohren wahrnehmen, ist nicht bloß Fantasie, sondern Wirklichkeit. Und doch ist diese Wahrnehmung von Mensch zu Mensch verschieden.

Die Dinge so sehen, wie sie sind?

Marlie liegt im Gras und lässt ihre Gedanken schweifen. Plötzlich kitzelt sie etwas an der Nase. Siehe da, ein Grashalm. Sie dreht sich auf die Seite und sieht ihn genauer an. Wie fein er doch gegliedert ist – die vielen Zellen, die alle in dieselbe Richtung streben. Was Zellen sind, weiß Marlie aus dem Biologieunterricht; doch erst jetzt nimmt sie die die winzigen Teile zum ersten Mal wahr.
Je genauer Marlie hinschaut, desto mehr sieht sie: Zuerst blickt sie nur auf die Vorderseite des Halms; die Rückseite sieht anders aus – sie ist heller und fühlt sich rauer an. Und da krabbelt auch ein Marienkäfer. Sie denkt darüber nach, was der Käfer wohl von dem Halm wahrnimmt. »Wenn ich auf einem Grashalm spazieren gehen könnte wie auf einer Straße, würde er mir bestimmt viel unebener und holpriger vorkommen als so von außen!«

Ohne es schon ganz zu begreifen, hat Marlie eine Entdeckung gemacht: Seien es nun Grashalme oder andere Dinge – was wir wahrnehmen, ist von unserem Blickwinkel abhängig. Je nachdem, von wo wir blicken, sehen wir etwas anderes. Das nennt man unsere »Perspektive«* – »Aber wenn jeder etwas anderes sieht«, fragt Marlie weiter, »wer hat dann Recht? Wer sieht die Dinge so, wie sie in Wahrheit sind?«
Du hast es sicher bemerkt: Marlie ist in diesem Moment eine Philosophin. Denn die Suche nach der Wahrheit ist Philosophie*.

Hast du an einem heißen Sommertag schon einmal auf die Straße gesehen? In der Ferne sah es so aus, als ob die Straße überschwemmt sei. Für den Autofahrer aber war sie gar nicht überschwemmt – er fuhr ungehindert weiter. Die Überschwemmung, die du in der flimmernden Hitze gesehen hast, war eine Sinnestäuschung (»Fata Morgana«): Ist alles nur eine Frage der Perspektive*?

Auf den ersten Blick nichts Besonderes?
Eine verwirrende Sinnestäuschung erzeugt der »Tribar« – eine Darstellung, die aus drei Stäben gebildet wird.

Seite 14 ◀
Methode: Eine Fantasiereise durchführen

1. Hast du schon eine Erfahrung wie Marlie gemacht, als du einmal genauer hinschautest?

2. Nimm eine Pflanze oder ein kleines Tier genauer unter die Lupe oder unter das Mikroskop: Zeichne auf, was du siehst. Was sehen deine Mitschüler/innen?

3. Klärt, was geschieht, wenn man eine Fata Morgana sieht. Fragt dazu eine Physiklehrerin oder einen -lehrer.

4. Steht man am Strand und blickt auf das offene Meer, dann sieht es so aus, als ob Himmel und Meer am Horizont verschmelzen: Kennt ihr noch weitere Sinnestäuschungen und könnt ihr deren Entstehung erklären?

5. Eine Rätselfrage: Von welchem Blickwinkel aus sehen wir die Dinge »so, wie sie wirklich sind«?

6. Führt eine Fantasiereise* durch: Wie würden wohl ein Marienkäfer, ein Vogel oder ein Fisch die Welt und die Menschen betrachten?

▶◀ Jeder von uns hat einen anderen Blickwinkel auf Menschen und Dinge. Manchmal nehmen wir auch gemeinsam etwas als wirklich wahr, was sich bei genauer Prüfung als Irrtum herausstellt (sogenannte Sinnestäuschung). Was wir aber als »wirklich« und »nicht wirklich« anerkennen, darüber müssen wir uns gemeinsam und mithilfe unserer Sprache einigen.

Sechstes Kapitel | Von Wirklichkeit und Wahrheit

Von Wahrheit und Lüge

In verschiedene Rollen schlüpfen

Vor der großen Pause schneite es. Auf dem Schulhof wurde mit Schneebällen geworfen, obwohl dies in der Schulordnung verboten ist. Dabei wurde Tina an der Schläfe getroffen, so dass sie jetzt Kopfschmerzen hat und über dem rechten Auge blutet. Was ist geschehen? Wer hat geworfen? Um das herauszufinden, sitzen Paul, Uta, Tina und die anderen im Kreis zusammen. Frau Heberlein, die Klassenlehrerin, kommt dazu.
Könnt ihr der Gruppe helfen? Auf den nachfolgenden Rollenkarten erfahrt ihr einiges über die beteiligten Schülerinnen und Schüler.
Um noch intensiver einzusteigen, könnt ihr die Rollen verteilen, die Vorschläge erweitern und ein Rollenspiel gestalten.

Seite 69
Methode: Rollenspiel

Tina
… wurde vom Schneeball hart an der Schläfe getroffen
… weiß nicht, wessen Schneeball ihren Kopf traf
… hat gesehen, dass Uta Schneebälle wirft
… ist mit Paul und Uta befreundet

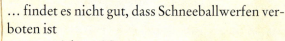

Paul
… findet es nicht gut, dass Schneeballwerfen verboten ist
… sorgt sich um Tina
… vermutet, dass Uta geworfen hat, möchte aber niemanden verpetzen
… will, dass der Werfer zu seinem Verhalten steht

Uta
… wirft Schneebälle, obwohl es verboten ist
… vermutet, dass sie Tina getroffen hat
… will keinen Ärger

Leo
… stand neben Uta
… weiß, dass Utas Schneeball Tina getroffen hat
… kann Paul nicht leiden
… mag Uta sehr
… wird behaupten, dass Paul den Schneeball geworfen hat, der Tina traf

Frau Heberlein
… ist ahnungslos
… bittet die Kinder, von ihren Beobachtungen zu sprechen

Seite 179
Schüler helfen Schülern

Paul wird beschuldigt, den Schneeball geworfen zu haben. Nun ist er in großen Nöten. Deshalb schreibt Paul einen Brief an Anke und Hannes aus der 7a, die beide zur Gruppe der Konfliktlotsen an Pauls Schule gehören. Den Brief steckt Paul in den Kummerkasten:

> Liebe Konfliktlotsen,
> ich brauche eure Hilfe.
> Tina hat auf dem Schulhof einen Schneeball abbekommen. Sie hat auch richtig geblutet und geweint. Wir haben gleich in der Ethik-Stunde darüber gesprochen und derjenige, der geworfen hat, sollte sich melden.
> Nun ist aber alles anders gekommen. Leo hat gesagt, dass ich den Schneeball geworfen habe, der Tina verletzt hat.
> Viele Grüße sendet Paul
> P.S.: Ich warte auf eure Antwort

1 Nun seid ihr als Konfliktlotsen gefragt: Jeder macht Vorschläge, wie Paul einen nützlichen Rat und Hilfe bekommen könnte.

2 Vergleicht und diskutiert die Ratschläge: Schreibt anschließend jeweils einzeln einen persönlichen Antwortbrief an Paul.

Seite 165
Methode: Begriffe verstehen und abgrenzen

3 Überlege für dich, was eine Lüge ist: Darf man manchmal lügen? Denke dabei an Situationen, in denen du gelogen hast und in denen du belogen wurdest.

4 Muss man immer die Wahrheit sagen? Startet dazu eine Umfrage unter Lehrern und Schülern. Vergleicht die Umfrageergebnisse in der Gruppe.

Nicht nur unsere Sinne lassen sich täuschen – auch wir selbst oder andere Menschen werden getäuscht oder können bewusst Falsches sagen. Menschen lügen, wenn sie bewusst nicht die Wahrheit sagen. Das kann dazu führen, dass ihr Zusammenleben (zum Beispiel in einer Familie) gestört wird, weil sich niemand mehr dem Lügner anvertrauen mag. Auch ein Lügner hat ein Problem, wenn er sich in seinen eigenen Lügen verfängt oder einfach nur, wenn sich sein Gewissen* meldet. Man spricht dann von »Gewissensbissen«, die wie »richtige« Bisse weh tun können. Doch es gibt Situationen, in denen Menschen aus guten Gründen nicht die Wahrheit sagen – zum Beispiel, um andere Menschen nicht zu erschrecken oder zu gefährden. Die Frage, ob eine »Notlüge« zulässig ist, hat in der Philosophie* schon oft zu Diskussionen geführt.

Sechstes Kapitel | Von Wahrheit und Lüge

Nachdenken über Zeit

Zeit – was ist das?

1

2

3

4

5

Schaut euch in Ruhe, einzeln für euch, die Bilder an. Dabei gehen jedem viele Gedanken durch den Kopf. Versuche die Bilder zu ordnen, indem du
– in Stichworten aufschreibst, was dir zu jedem Bild einfällt
– jedem Bild einen Titel gibst
– erklärst, was alle Bilder miteinander verbindet.
Zunächst arbeitet jeder einzeln; dann tauscht ihr die Ergebnisse aus.

Methode: (Stummes) Schreibgespräch

Wer sich mit einem Thema beschäftigt oder über ein Problem nachdenkt, dem geht einiges durch den Kopf. Viele dieser Gedanken sind flüchtig und lassen sich kaum festhalten. Ein stummes Schreibgespräch kann helfen, sich auf wenige Gedanken und den Gedankengang zu konzentrieren – und den Weg zum Philosophieren* frei zu machen.

- Findet euch in Gruppen zusammen.
- Nehmt ein großes Blatt sowie Stifte und schreibt eine Frage oben auf das Blatt, zum Beispiel: *Was ist Zeit?* Spätestens ab jetzt darf nicht mehr gesprochen werden.
- Einer aus der Gruppe soll nun eine Antwort schreiben. Dabei muss er oder sie auf die Frage (zum Beispiel »Was ist Zeit?«) antworten. Nun schreibt der Nächste seine Antwort und versucht dabei auf den ersten Beitrag einzugehen – mit eigenen Gedanken und Vorstellungen. So setzt ihr das »Gespräch« stumm fort.
- Ihr könnt auch Gefühle, Beobachtungen und »Gedankensplitter« notieren und zum Beispiel in einer anderen Farbe kennzeichnen. Es müssen nicht immer ganze Sätze geschrieben werden – manchmal sind auch Wörter, Abkürzungen oder Zeichen ausreichend. Nichts soll verloren gehen. Beendet das »Gespräch« ohne Worte. Ihr solltet aber vorher überlegt haben, wie lange das Ganze dauern soll.

Momos Rätsel

Drei Brüder wohnen in einem Haus,
die sehen wahrhaftig verschieden aus,
doch willst du sie unterscheiden,
gleicht jeder den anderen beiden.
Der erste ist nicht da, er kommt erst nach Haus.
Der zweite ist nicht da, er ging schon hinaus.
Nur der dritte ist da, der kleinste der drei,
denn ohne ihn gäb 's nicht die anderen zwei.
Und doch gibt 's den dritten, um den es sich handelt,
nur weil sich der erst' in den zweiten verwandelt.
Denn willst du ihn anschauen, so siehst du nur wieder
einen der anderen Brüder!

1 Wer sind die drei Brüder in Momos Rätsel?

2 Das Rätsel enthält zum Schluss ein weiteres Geheimnis: »Nun sage mir: Sind die drei vielleicht einer? Oder sind es nur zwei? Oder ist es gar – keiner?« Versucht den Sinn dieser Rätselfrage zu erklären.

3 Könnt ihr auch diese Fortsetzung des Rätsels lösen – vielleicht in einem neuen Schreibgespräch?

Nachdenken über Zeit

Vergeht die Zeit immer gleich schnell?

Paul Die Zeit vergeht sehr unterschiedlich – zum Beispiel sehr langsam, wenn ich in der Schule bin und der Unterricht langweilig ist. Meine Freizeit geht aber immer superschnell vorbei. Zum Beispiel am Dienstag, wenn wir Fußball spielen.
Als ich klein war, ist auch Zeit vergangen. Bis heute eigentlich. Und im Moment vergeht die Zeit auch, überall! Ich kann mich noch erinnern, als ich im Krankenhaus war. Damals war ich fünf Jahre alt. Als ich nach Hause kam, hatte Papa das Aquarium eingerichtet. Von den Fischen, die er damals kaufte, lebt nur noch einer. Aber meine Schildkröte, sagt Papa, kann älter werden als unsere ganze Familie zusammen.

Tina Unsere Straße sieht zu jeder Jahreszeit anders aus. Im Frühling blühen in vielen Vorgärten Tulpen. Im Sommer spielen wir auf der Wiese hinterm Haus. Im Herbst liegen auf dem Schulhof Kastanien; in der Grundschule haben wir oft damit gebastelt. Ich freue mich schon, wenn es wieder schneit und bald Weihnachten ist. Dann ist es bei uns zu Hause sehr gemütlich.

1 Tragt zusammen, was die beiden Kinder über die Zeit sagen. Ergänzt, was euch selbst noch wichtig ist.

PIETER BREUGHEL der Ältere (1525–1569), Die Heuernte

Der niederländische Maler PIETER BRUEGHEL beobachtete die Menschen bei der anstrengenden Arbeit im Sommer auf den Feldern und Wiesen: »Heu machen« war eine der Vorbereitungen auf die lange Winterzeit. Nach der Heuernte trafen sich alle zum Feiern – sie dankten für die gute Ernte. Die Menschen verbrachten viele Tage des Sommers damit, ihren Lebensunterhalt für die anderen Monate des Jahres zu sichern.
Heute ist es nur noch selten üblich, Obst zu trocknen oder einzukochen, Vorräte anzulegen oder Futter für die Tiere einzulagern.

Sechstes Kapitel | Rätsel des Lebens

Die Zeit: nicht anfassen, sehen oder riechen – aber einteilen

Schon um 5 000 v. Chr. wurden in Ägypten und in China Sonnenuhren zur Zeitmessung eingesetzt. Es wird vermutet, dass schon die Inkas solche Geräte nutzten – auch in ihren religiösen Bräuchen.

Fachübergreifend (Werken): Eine Sonnenuhr bauen
Wollt ihr wissen, wie man an einer Sonnenuhr die Zeit ablesen kann? Mithilfe einer Suchmaschine könnt ihr euch im Internet informieren, wie eine solche Uhr funktioniert.
- Um auf einem Blumenbeet oder auf dem Schulhof eine Sonnenuhr zu bauen, benötigt ihr Steine, Sand, wetterfeste Farbe und einen Holzstab.
- Überlegt, wie ihr die Arbeit untereinander aufteilen wollt.
- Bedenkt, dass zunächst die Steine mit wetterfester Farbe beschriftet und das Zifferblatt einer Uhr auf den Rasen oder das Beet gelegt werden müssen. Um den Stab an der richtigen Stelle zu platzieren, müsst ihr jede volle Stunde den Schattenstand beobachten: Beginnt zum Beispiel mittags (12.00 Uhr) mit dem Stein »12«, setzt den Stab und legt den nächsten Stein dann zu 13.00 Uhr – dort, wo der Schatten eine Kante bildet. Ihr seht, ein Sommertag ist für dieses Projekt besser geeignet als ein Tag im Dezember, an dem es zeitig dunkel wird.

1. Tiere werden unterschiedlich alt: Was wisst ihr darüber?

2. Erkundigt euch, warum wir Jahreszeiten erleben. Wo auf der Welt gibt es nicht den Wechsel von Frühling, Sommer, Herbst, Winter? Warum erleben die Menschen zum Beispiel in Ecuador keine Jahreszeiten?

3. Male ein Bild von deiner Lieblingsjahreszeit und lasse die anderen raten, welche Jahreszeit du dargestellt hast: Erzählt, was ihr in dieser Jahreszeit erlebt habt.

4. Wie misst man heute die Zeit? Informiert euch über Zeitmessgeräte und Zeitrechnungen in anderen Kulturen* (zum Beispiel im Islam): Was haben sie alle mit den durch Sonne und Mond gegebenen Zeitabläufen in der Natur zu tun?

   Seite 198 ◀ Fasten im Islam

5. Stellt euch vor, alle Uhren blieben für die Dauer eines Jahres stehen. Was würde das für uns bedeuten?

   Seite 111 ◀ Methode: Mit Gedanken experimentieren*

6. Welche Zeit ist »wirklicher«? Die durch Instrumente (Uhren) gemessene, die Zeit(en) der Natur oder die von jedem Einzelnen unterschiedlich erlebte Zeit?

▶◀ Manchmal erscheint ein Zeitraum lang, dann wieder kurz. Aber wenn wir auf die Uhr schauen, ist genau der gleiche Zeitraum vergangen. Neben unserem persönlichen Zeitempfinden gibt es also auch eine allgemeine Zeitmessung, welche die Menschen untereinander vereinbart haben, etwa um Verabredungen einhalten zu können. Oft hängt es von unseren Gefühlen ab, ob wir die Zeit verlängern möchten – oder ob wir wünschen, etwas möge doch schnell vorbei sein.
Auch in der Natur scheint der zeitliche Zyklus* unterschiedlich schnell abzulaufen: So sind die Tage im Sommer viel länger als im Winter; andererseits kehren in unserem Teil der Erde die Jahreszeiten immer wieder zurück.

Sechstes Kapitel | Nachdenken über Zeit

Vorstellungen von Zeit

Was Hindus über die »Zeit« sagen

Viele Menschen in Indien sind Hindus und Anhänger der vedischen Religion, die oft auch »Hinduismus« genannt wird. Diese Religion stellt alles Werden, Leben und Vergehen als ewigen Kreislauf dar.

Die Kuh ist für viele Inder mehr als nur ein nützliches Tier: Sie verehren es als ein stellvertretendes Symbol* des Lebens, das es zu schützen gilt.

Der tanzende Schiwa: So wie er immer in schöpferischer Bewegung ist, zeigt er dem Betrachter das ständige Werden und Vergehen. Schiwa mit seiner zerstörerischen Kraft sorgt zugleich dafür, dass der Kreislauf des Lebens immer wieder von vorn beginnt.

Das Universum* wurde von Brahma, dem Schöpfer, geschaffen. Es wird unterhalten von Wischnu, dem Bewahrer, und zerstört von Schiwa. Aus der Zerstörung entsteht neues Leben, deshalb ist Schiwa zugleich Zerstörer und Neuschöpfer. Alle drei Götter sind Formen oder Teile des Höchsten, das hinter allem ist.
Der Zyklus* von Schöpfung, Zerstörung und Neuschöpfung läuft so ab: Nachdem das alte Universum* zerstört ist, gibt es nichts anderes mehr als einen riesigen Ozean. Auf diesem treibt Wischnu auf der großen Schlange Ananta dahin. Manche sagen, dass aus seinem Nabel eine Lotosblume wächst und Brahma aus dieser entsteht.
Wie erschafft Brahma die Welt? Manche erzählen, dass er sich einsam fühlt und sich in zwei Teile teilt und so das Männliche und das Weibliche erschafft. Dann wird er wieder eins, und so entstehen Menschen. Auf dieselbe Weise erschafft er alle Lebewesen […]. So entsteht alles aus dem Höchsten. Und am Ende dieses Universums* werden alle in das Höchste zurückkehren. Denn dieses Universum, diese Welt und dieser Brahma werden von Schiwa zerstört werden – wie alle vorher und alle nachher. […] und der Zyklus* geht weiter – ewig.
Nach Esther Bisset und Martin Palmer

Wie Juden und Christen die Zeitabläufe verstehen

Anders als Hindus glauben Juden, Christen und Muslime, dass die Welt einen Anfang und ein Ende hat. Juden und Christen beziehen sich dabei auf den biblischen Schöpfungsbericht, der von der Erschaffung der Welt in einer Woche erzählt: Gott betrachtete alles, was er geschaffen hatte, und war sehr zufrieden – so auch mit der Erschaffung des Menschen, die den Höhepunkt der Schöpfung am sechsten Tag bildet. Am siebenten Tag ruhte Gott – das Leben auf der Erde war nun vollständig. Die Bibel erzählt aber auch vom Ende dieser Welt. Bis dahin kann und soll der Mensch sein Leben auf der Erde selbst in die Hand nehmen.

◂ Seiten 76/77
Schöpfungserzählungen in der Bibel

Die Zukunft im letzten Buch der Bibel ◂
»Dann sah ich einen neuen Himmel und eine neue Erde. Der erste Himmel und die erste Erde waren verschwunden, und das Meer war nicht mehr da. (…) Gott wird alle ihre Tränen abwischen. Es wird keinen Tod mehr geben und keine Traurigkeit, keine Klage und keine Quälerei mehr. Was einmal war, ist für immer vorbei.«
Offenbarung des Johannes, Kapitel 21

Am Ende aller Zeiten müssen sich die Menschen nach christlicher und nach islamischer Vorstellung vor einem göttlichen Gericht rechtfertigen. Juden, Christen und Muslime glauben, dass dann eine Zeit des Friedens und der Gerechtigkeit anbrechen wird, die den bisherigen Weltenlauf ablöst.
Dass diese Erde und mit ihr unser Planetensystem in Milliarden Jahren durch eine gewaltige Explosion der Sonne ihr Ende nehmen wird, sagt auch die moderne Naturwissenschaft voraus.

1. Versucht eine grafische Darstellung der hinduistischen (indischen) und der christlichen (europäisch-amerikanischen) Zeitvorstellung.

2. Informiert euch – zum Beispiel durch Interviews oder im Internet –, welche Vorstellungen vom Anfang und vom Ende der Welt die Angehörigen anderer Religionen sowie nicht-religiöse Menschen haben.

3. Überlegt, welche Auswirkungen auf das Leben und seine Gestaltung die beiden unterschiedlichen Zeitvorstellungen haben: Warum etwa ist in Indien der eigene Erfolg und das persönliche Fortkommen nicht so wichtig wie im christlich geprägten Europa?

Christus beim endzeitlichen Gericht, Buchmalerei 1490

Sechstes Kapitel | Vorstellungen von Zeit

Vorstellungen von Zeit

Hat die Zeit ein Ende?

Tropfsteinhöhle am Thuner See (Schweiz)

Kurz vor den großen Ferien unternimmt Pauls Klasse einen Ausflug. Ziel ist eine Tropfsteinhöhle. Als alle wieder »über Tage« sind, denkt Paul an das, was der Bergmann den Besuchern erzählte. Sie standen vor großen, bunt angestrahlten Steingebilden. Man nennt sie »Stalagmiten«, wenn sie vom Boden nach oben wachsen oder »Stalaktiten«, wenn sie wie Tropfen von oben nach unten wachsen. Wenn sich beide treffen, bilden sie eine Tropfsteinsäule.
Der Bergmann erzählte den Kindern, dass diese Gebilde erst nach Tausenden von Jahren, manchmal sogar nach einer Million Jahren, entstanden sind: Ein Stalagmit wächst nur 0,1 bis 0,3 Millimeter pro Jahr. Paul rechnet und findet heraus, dass in ungefähr 2 000 Jahren 20 cm Gestein gewachsen sind. Aber wie lange sind die Steine bis dahin schon gewachsen? Unvorstellbar! Paul versucht es trotzdem: Er ist jetzt 11 Jahre alt, seine Mutter 38, sein Vater 41. Pauls Oma, die Mutter seiner Mutter, wird nächste Woche 60 und deren Mutter ist 82 Jahre alt. »So alt!«, denkt Paul. Aber ein Stalagmit wäre nach einem Zeitraum von hundert Jahren Wachstum nicht einmal richtig zu sehen.
Opa Otto ist tot. »Für immer«, sagt Oma. Paul hat verstanden, dass das Leben der Menschen auf der Erde irgendwann immer ein Ende hat. Aber gibt es vielleicht ein Weiterleben in der Ewigkeit? Und wie kann das aussehen? Und wenn irgendwann auch die Welt endet? Ist dann nichts mehr? Aber was ist »nichts«? Und wann ist das? Pauls Gedanken drehen Kreise …

»Fließband der Zeit« – ein Gleichnis*

Wenn wir das Fließband der Zeit verlassen, beginnt für uns alle die Ewigkeit. Sich die Ewigkeit vorzustellen ist schwer. Vielleicht so?

Alle tausend Jahre einmal kommt ein Vogel an einen großen Berg. Er setzt sich oben auf den Gipfel. Dort wetzt der Vogel seinen Schnabel mit einer kurzen schnellen Bewegung. Dann fliegt der Vogel wieder weg. Wenn der Vogel auf diese Weise den ganzen Berg abgetragen hat, ist eine Sekunde von der Ewigkeit vergangen.

1. Schreibe weitere Fragen auf, die Paul in den Sinn kommen könnten oder die du dir hierzu schon einmal gestellt hast.

2. Unterteilt die Fragen von Aufgabe 1 in wissenschaftlich beantwortbare und in rätselhafte Fragen: Versucht einmal allgemein gültige Antworten zu geben, das andere Mal persönliche Überzeugungen auszudrücken.

3. Male selbst ein Bild oder schreibe ein Gleichnis, das die Ewigkeit zum Ausdruck bringt.

Lesetipp

AXEL HACKE: Der kleine König Dezember. Kleine Ausgabe. München: Antje Kunstmann Verlag 1999

> Ihr habt zwei grundsätzlich unterschiedliche Auffassungen von Zeit kennen gelernt: erstens die indische Vorstellung von der Zeit als ewig währendem Kreislauf (man spricht dann vom zyklischen Zeitverständnis); zweitens die jüdisch-christliche Auffassung von der Zeit als nacheinander folgendem Ablauf von Ereignissen – mit einem Anfang und einem Ende (man spricht hier vom linearen Zeitverständnis).
> Das aus jüdisch-christlicher Überlieferung kommende Zeitverständnis legt auch die moderne Naturwissenschaft zugrunde, wenn sie das Ende der Welt und des Sonnensystems in Milliarden von Jahren vorhersagt. Ob dann aber auch die Zeit still steht oder wie ein »Leben« in der »Ewigkeit« aussehen kann, darüber sind zur Zeit (noch?) keine wissenschaftlichen Aussagen möglich.

Sechstes Kapitel | Vorstellungen von Zeit

Wie hängt alles zusammen?

Yin und Yang

Nach alter chinesischer Vorstellung ist das Weltall wie ein großes lebendiges Wesen. Wie dein eigener Körper verändert es sich ständig und seine Glieder – Erde, Himmel, Tier und Mensch – beeinflussen sich gegenseitig.
Ursache für allen Wandel sind die beiden Urkräfte »Yin« und »Yang«. Yang ist die aktive, helle Kraft; Yin die passive, dunkle Kraft. Sie ergänzen einander; erst durch ihr Zusammenwirken entsteht nach altchinesischer Vorstellung die Welt, wie wir sie kennen – so zum Beispiel der Kreis der Jahreszeiten. Im Sommer ist die Kraft des Yang am größten, im Herbst schwächt sie sich gegenüber dem Yin ab; das Yin ist im Winter am stärksten und verblasst im Frühling wieder zugunsten des aktiven, schöpferischen Yang.

Wissenschaft und Naturgesetze

»Das Buch der Natur ist geschrieben in mathematischer Sprache, und die Buchstaben sind Dreiecke, Kreise und andere geometrische Figuren.«
GALILEO GALILEI, Physiker (1564–1642)

Auch Naturwissenschaftler machen sich schon lange Gedanken über den Ursprung des Weltalls und seine Beschaffenheit. Die meisten Wissenschaftler nehmen heute an, dass das Weltall in einer gewaltigen Explosion entstanden sei. In einem »Urknall« habe sich aus unvorstellbar heißer Energie Materie* gebildet und sei in den leeren Raum geschleudert worden. In Milliarden von Jahren habe sich die Materie zu Planeten und Sonnen zusammengeballt, und eine dieser Zusammenballungen sei die Erde, die mit anderen Planeten um eine andere Zusammenballung, nämlich die Sonne, kreist.
Dabei sehen die Naturwissenschaftler die Erde und das Universum* nicht als ein großes lebendiges Wesen, in dem letztlich unerforschbare Kräfte wirken. Seit mehr als 400 Jahren führen sie die Entstehung des Weltalls und des Lebens auf »Gesetze« der Natur zurück, die sich mithilfe der Mathematik beschreiben lassen.
Bis heute ist jedoch auch unter Wissenschaftlern umstritten, ob sich die Entstehung der Welt – mit allen Formen des Lebendigen – und das Gleichgewicht auf ihr allein mit Naturgesetzen erklären lassen – oder ob da nicht doch eine höhere, übernatürliche »Macht« oder »Kraft« mit im Spiel ist.

Die Ursprünge der Welt – aus naturwissenschaftlicher Sicht ...

1 Wie stark sind die gegensätzlichen Kräfte Yin (schwarz) und Yang (weiß) in deinem Alltag? Male ein Bild von ihrem Gleichgewicht oder Ungleichgewicht zu Hause oder in deinem Klassenraum. Sprich mit den anderen in der Gruppe über Gemeinsamkeiten und Unterschiede in euren Bildern.

Seite 125
Methode: Stummes
Schreibgespräch führen

2 Schreibt auf, eventuell in einem Schreibgespräch, wie ihr selbst euch die Entstehung der Welt und das Gleichgewicht auf ihr erklärt.

3 Diskutiert: Schließen sich die moderne wissenschaftliche und die alte chinesische Vorstellung der Welt aus? Kann man mit der Annahme von Naturgesetzen das Wirken anderer Kräfte vereinbaren?

4 Überlegt, wie sich die beiden Auffassungen über die Welt auf den Umgang mit ihr auswirken können.

> < Die naturwissenschaftliche Sicht unserer Welt geht von Materie* und Energie aus, die sich unter dem Einfluss der Naturgesetze in sehr langen Zeiträumen zu einem geordneten Gleichgewicht entwickelt haben. Alte, aber auch manche heutige Philosophien* sehen in der Welt einen großen lebendigen Organismus, der von wissenschaftlich nicht erforschbaren Kräften beeinflusst wird. Religiöse Menschen betrachten die Welt dagegen als Gottes Schöpfung.

Sechstes Kapitel | Wie hängt alles zusammen?

Eine Reise ...

Die Erde – vom Mond aus gesehen

Seite 118 ◄

Erinnert ihr euch an die Rätselfrage vom Anfang? »Was also ist die Zeit? Wenn mich niemand danach fragt, weiß ich es; wenn ich es jemandem erklären soll, weiß ich es nicht.« So ging es dem christlichen Philosophen AUGUSTINUS noch vor Beginn des Mittelalters. Aber habt ihr in diesem Kapitel nicht doch einige Antworten gefunden auf die Rätselfragen des Lebens – wenn auch nur vorläufige Antworten? Einigt euch auf begründete Antworten zu den wichtigsten Fragen des Kapitels:

Rätsel des Lebens: Wir antworten
Was tut ein Philosoph?
Gibt es eine für alle gemeinsame Wirklichkeit?
Woher wissen wir, was wirklich ist, wenn jeder die Wirklichkeit aus einer anderen Perspektive* sieht?
5 Welche Probleme gibt es beim Lügen – für die Belogenen und für den Lügner?
Darf man »aus Not« lügen?
Was habt ihr aus »Momos Rätsel« über die Zeit gelernt?
Was kann man über »die Zeit« feststellen?
Wie funktioniert eine Sonnenuhr?
10 Wie messen wir heute die Zeit?
Sagt das Bild der Jahreszeiten auch etwas über unsere Lebenszeit aus?
Das Leben als »ewiger Kreislauf« oder als »einmaliges Geschehen«: Welche Religionen lassen sich der einen, welche der anderen Vorstellung zuordnen?
Was hält die Welt im Innersten zusammen – aus der Sicht der Naturwissenschaften und aus der Sicht der Religionen?
15

... zu Welten, die nie ein Mensch zuvor gesehen hat ▶▶▶▶▶▶▶▶

Blick in den Weltraum
(»Sternen-Kindergarten«)

Seite 14 ◀
Methode: Eine Fantasiereise
durchführen

Projekt: Gedankenreise ins Universum*
Stellt euch vor, ihr fliegt mit einem Raumschiff los – wie in »Star Trek«: Zuerst werdet ihr von einem Raumgleiter bis zur Raumstation in der Erdumlaufbahn gebracht. Dort betretet ihr das Raumschiff und werft einen Blick zurück auf unsere Erde, den »blauen Planeten«:
5
• Was stimmt euch fröhlich, was traurig? Notiert die Ideen in einer Tabelle.
• Was findet ihr gut und schützenswert an eurer Erde? Erstellt eine Liste.

Nun geht die Reise los: Nach einiger Zeit stoßt ihr auf einen Planeten, der genau so aussieht und von genau den gleichen Wesen bevölkert wird wie die Erde. Dieser Zwillingsplanet der Erde heißt »Zwerde«. Auf der Zwerde sehen Umwelt,
10 Tiere und Menschen genauso aus wie Natur, Tiere und Menschen auf der Erde – ja, sie haben sogar alle dieselben Eigenschaften und Fähigkeiten. Auch technisch sind die Menschen dort ebenso weit entwickelt wie die Erdmenschen. Nur einen Unterschied gibt es zur Erde: Die Menschen auf der Zwerde haben es geschafft, untereinander friedlich und im Einklang mit der Natur zu leben.

Lesetipp

MICHÈLE LEMIEUX: Gewitternacht, Weinheim/Basel/Berlin: Beltz & Gelberg 1996 (Wer bestimmt den Zufall? Wo endet die Unendlichkeit? Bin ich schön? Der Autor lädt zu einer philosophischen Reise ein, die auf spielerische Weise zum Nachdenken anregt).

15 Nachdem ihr die Kultur* der Außerirdischen auf der Zwerde kennen gelernt habt, fliegt ihr wieder ab und landet erneut auf der Raumstation in der Erdumlaufbahn:
• Denkt darüber nach, wie es die Menschen dort geschafft haben könnten, so zu leben, wie ihr es gesehen habt: Wie haben sie die Fehler von uns Menschen auf der Erde vermeiden können? Stellt dazu die nach eurer Meinung nötigen Regeln
20 und Maßnahmen zusammen.
• Berichtet über das Leben und die Kultur* auf der Zwerde: Stellt euch vor, wie die Erdmenschen auf diese »Fremden« reagieren würden und umgekehrt.

Wenn ihr wieder ganz zurück seid (nach der »Landung im Klassenzimmer«), überlegt mithilfe der zuvor erarbeiteten Ergebnisse:
25 • Was müssen wir künftig alle gemeinsam tun, um die Erde zu erhalten?
• Stellt eine Liste von Forderungen an die Politik zusammen: Behaltet die Liste nicht für euch, sondern zeigt sie auch bei einem Schulfest oder einem »Tag der offenen Tür«. Diskutiert mit anderen darüber.

Seitdem der Yeti gelesen hatte, dass es im Himalaja so etwas wie einen abscheulichen Schneemenschen geben soll, verließ er nur noch äußerst ungern seine Behausung.

BERND PFARR erweckt mit seiner witzigen Zeichnung den Schneemenschen »Yeti« zum Leben. Keiner hat den Yeti bisher gesehen – auf den ersten Blick könnte man meinen, der Zeichner macht sich mit diesem Bild nur über ihn lustig.

Siebtes Kapitel

Das Fremde und das Vertraute

Wer ist dieser Schneemensch, Yeti? Er lebt ganz allein, im Schnee, hoch in den Bergen. Wie kann er das aushalten? Da gibt es bestimmt einen Grund, warum er die Menschen meidet. Ob er gefährlich ist? Ob er rohes Fleisch isst? Vielleicht ist er gar kein richtiger Mensch? Aber was ist er dann? Vielleicht doch ein Tier? Und vielleicht hat er etwas verbrochen …

1. Malt den Schneemensch, so wie ihr ihn euch vorstellt und hängt die Bilder auf: Könnt ihr herausfinden, wer welches Bild gemalt hat? Wenn ja, woran liegt das wohl?

2. Überlegt gemeinsam, über wen eure Bilder am ehesten etwas verraten: über den Yeti, über die Maler oder die Betrachter?

3. Wir müssen über den Yeti, der aus der Hütte schaut, lachen: Was hat er offenbar nicht begriffen, was ihr aber wisst?

4. Will uns der Karikaturist mit dem begriffsstutzigen Yeti nur zum Lachen bringen? Wenn ihr etwas nachdenkt, könnt ihr hinter seinem Cartoon ein grundsätzliches Problem erkennen: Wer kann es in Worte fassen?

Vom Weggehen

Es war alles so schön

Es ist Spätsommer, August. Die Getreidefelder sind abgeerntet. Das Stroh liegt zu großen Ballen zusammengerollt. Über den Feldern hängt noch die schwere, warme Luft des Tages, und die untergehende Sonne taucht alles in feuerrote Farbe. Die Sonnenblumen lassen ihre schweren Köpfe hängen. So wie Till. Der hat sich in seinem Baumhaus verkrochen, das ihm sein Vater gebaut hat. Das ist schon sechs Jahre her. Da war er gerade fünf geworden, und sie waren damals noch eine richtige Familie.

Till lauscht in die Stille. Alles ist ihm vertraut. Er kennt den Ruf des Eichelhähers, das Klopfen des Spechtes, das Summen der Bienen. Wenn er Glück hat, kommt der alte Rehbock in Sichtweite. Es riecht nach trockenem Gras. Kein Autolärm ist zu hören. Hier hat er oft mit Mattis gesessen und Pläne geschmiedet. Er wird das Toben im kleinen Waldsee vermissen, die gemeinsamen Fahrradtouren und die Streiche, die sie den Mädchen gespielt haben. Nächste Woche wird er andere Klassenkameraden haben – und eine zickige 13-jährige Mitbewohnerin, die eine Strubbelfrisur hat, einen Piercing in der Augenbraue und den ganzen Tag plappert. Wie soll er es in der kleinen Wohnung im achten Stock nur mit diesem nervigen, Klavier spielenden Wesen aushalten? Und warum müssen sie ausgerechnet nach Berlin, wo doch Oma und Opa gleich um die Ecke wohnen? Till fröstelt. Mit seinem Vater hat er vor Wochen die Wohnung besichtigt, in der sie nun bald zu viert wohnen werden. Dort in der Straße ist immer etwas los – es gibt ein thailändisches Restaurant und einen Gemüsehändler um die Ecke mit seltsamen Früchten in der Auslage. Es riecht so anders in der Stadt. Und laut ist es auch. Die Wände – voll von Graffiti, die Menschen immer in Eile. Keiner hat ihn beachtet. Am liebsten würde er sich in seinem Baumhaus verkriechen.

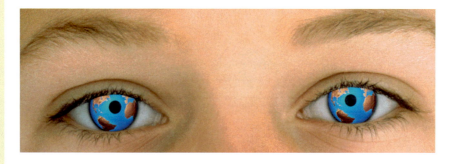

Projekt: Abschied nehmen

Wie »schmeckt« das Abschied nehmen? Wie fühlt sich für Till das an, was ihm in der unbekannten Stadt um die Nase wehen wird? Klingt das Neue verheißungsvoll, wie Musik in seinen Ohren? Kann er alles »cool« auf sich zukommen lassen?
Versucht, Tills Gefühlslage mit allen Sinnen einzufangen und stellt sie dar: mit Tönen, Farben, Gerüchen oder mit Worten. Entwickelt zum Beispiel einen Sinnespfad oder Szenen ohne Worte – nur mit Gebärden und Gesten. Ihr könnt auch eine Ausstellung machen.

1 Diskutiert, warum sich Till in seinem Baumhaus verkriechen möchte.

2 Wer hat schon einmal ähnliche Situationen erlebt? Erzählt euch gegenseitig davon.

3 Stellt euch vor, Till macht nach einem Schuljahr Ferien bei seinen Großeltern: Wie wird es ihm wohl gehen? Versetzt euch in Till und schreibt eine Tagebuchnotiz.

> Jeder muss sich ständig auf neue, unbekannte Situationen einlassen. Wer kennt nicht das Gefühl? Doch mit ein bisschen Übung lassen sich Grenzen überwinden. Das Leben wird dadurch vielfältiger und bunter. Wer aufbricht, muss häufig Menschen, Dinge und Gewohnheiten zurücklassen. Auf einiges lässt sich leichter verzichten, von anderem trennen sich viele Menschen nur schwer. Anfangs ist oft nur ein erster kleiner Schritt nötig ...

Siebtes Kapitel | Weggehen

Das Fremde erkunden – eine Traumreise

Seite 14 ◄
Methode: Eine Fantasiereise durchführen

Jeder Mensch braucht hin und wieder eine Auszeit vom Alltag – von der Routine, vom Selbstverständlichen. Manche können einen Urlaub an ihrem Traumstrand machen. Bietet so ein Urlaub die Möglichkeit, Fremdes zu erkunden? Versuchen wir es mit einer Fantasiereise herauszufinden. Schließt dazu die Augen und setzt euch entspannt hin. Lasst euch folgenden Text vorlesen.

Begib dich in Gedanken an einen Sandstrand. Stell dir vor, wie deine Füße den Sand fühlen. Sieh dich am Strand um. Endlos scheint er sich auszudehnen. Im Sand sind nur Spuren von Wind und Wellen. Beinahe weiß und feinkörnig ist die Fläche. Stell dir vor, wie du diesen Strand barfuß entlang gehst. Die Sonne wärmt wohlig deine Haut, spüre leichten Wind, der um deinen Körper streicht. Schau dir das Meer an, auf dem entfernt einige Segelschiffe vorbeiziehen. Einige Möwen fliegen über dem azurblauen Wasser und tauchen ab und zu nach Fischen. Fühle dich ganz in diese Landschaft ein – versuche die Leichtigkeit und Freiheit eines solchen Ortes zu spüren.
Auf deinem Strandspaziergang gelangst du nun zu einer Gruppe von Palmen: Setz dich in ihren Schatten; lehne dich an einem der Baumstämme an; fühle seine raue Oberfläche in deinem Rücken. Vor dir schlägt das Meer leichte Wellen. Mit der Hand kannst du in den Sand greifen und ihn langsam durch die Finger wieder auf den Boden rieseln lassen. Auf deiner

Palme sitzt ein bunter Papagei. Er hat dich schon bemerkt und kommt neugierig herunter geflogen. Er landet einige Meter von dir entfernt und schaut herüber. Versuche sein Vertrauen zu gewinnen. Es scheint zu gelingen. Der Papagei kommt vorsichtig näher zu dir. Er setzt sich auf deine Schultern. Seine Federn kitzeln ein wenig auf deiner Haut. Du kannst jetzt zusammen mit dem Papagei weiter am Strand entlanggehen. Der Papagei fliegt ab und zu um dich herum, kehrt dann aber wieder auf deine Schulter zurück. Irgendwann kommt ihr zu einem Felsen. Du kletterst auf dem warmen Stein nach oben. Der Papagei ist schon hinauf geflogen und wartet auf dich. Setz dich hin und genieße den Ausblick auf das Meer. Beobachte, wie sich die Sonne allmählich dem Horizont nähert, wie sich der Himmel orange und dann rot verfärbt – bis die Sonne langsam versinkt. Die Zeit des Abschieds ist gekommen. Verabschiede dich von dem Papagei, der zurück zu seiner Palme fliegt. Verlass auch du mit deinen Gedanken diesen Strand.

Nach dem Seebeben:
Immer noch ein »Traumstrand?«

1 Male das, wohin dich deine Gedanken geführt haben: Male deinen Traumstrand, so wie du ihn dir mit geschlossenen Augen vorgestellt hast.

2 Vergleicht eure Traumbilder mit einer wirklichen Reise: Welche Herausforderungen haben Reisende im Gegensatz zu Traumreisenden zu bestehen? Fangt zum Beispiel bei der Urlaubsvorbereitung an.

3 Bietet jede Reise ins Ausland tatsächlich die Garantie, Fremde und Fremdes kennen zu lernen?
Was muss man eigentlich selbst dazu tun?

Seiten 16/17
Mit der Sprache um die Welt

Wir können reisen und trotzdem »im Kopf« bei uns zu Hause bleiben. Dafür kann es gute Gründe geben. Diese Art von Reisen sind jedoch nicht geeignet, Menschen am Urlaubsort wirklich kennen zu lernen. Aber: Können Durchreisende überhaupt sehen und erkennen, wie der Lebensalltag der Leute vor Ort wirklich ist?
Es kann Spaß machen, ein paar Worte in einer anderen Sprache zu lernen oder bei sich zu Hause ein typisches Gericht auszuprobieren. Einige lesen vor einer Reise Bücher über die Geschichte und Kultur des Landes. Was fällt euch noch ein?

Fremd sein

Heute wissen wir, dass Menschen nicht nur schlafen, um sich zu erholen. Wenn sie träumen, arbeitet das in ihnen weiter, was sie erlebt haben. Nicht alle Träume sind schön – einige sind so erschreckend, dass sie aufwachen. Manchmal bringt ein solcher Alptraum etwas ans Tageslicht, was einem noch nicht so richtig bewusst geworden ist. Gudrun Pausewang erzählt von so einem Traum, den Nina hatte.

Ich war im Ausland. Es muss ein afrikanisches Land gewesen sein, denn die Leute dort waren Schwarze. […] So ein Traum wäre nichts Besonderes. Nicht wert, erwähnt zu werden. Ich hab schon oft geträumt, ganz allein zwischen Eskimos, Indianern oder Chinesen zu sein. Anregende Träume. Oft sogar aufregende Träume, schön abenteuerlich. Aber dieser Traum zwischen den Schwarzen war ganz anders. Ein Angsttraum! Denn wir – meine Eltern, mein Bruder Michael und ich – waren dort nicht als Touristen, sondern als Asylbewerber! […]
Und genau so wurden wir auch behandelt. […] Wir waren arm. Als Mutti auf der Post Briefmarken kaufen wollte, aber ihre Mühe hatte, mit den Münzen dieses Landes klarzukommen, wurde sie vom Schalterbeamten angeschnauzt. […] Als wir einen Laden betraten, wurden wir argwöhnisch beobachtet, als sei es sozusagen selbstverständlich, dass wir auf nichts anders aus wären, als die Kasse auszurauben oder mindestens aus den Regalen allerlei heimlich mitgehen zu lassen. In einem Restaurant wollten wir einen Teller Suppe essen. Aber sobald der Kellner unsere weißen Gesichter sah, stellt er ganz schnell auf alle Tische Schilder. Auf denen stand RESERVIERT. […] Michael kam gleich am ersten Tag ganz schmutzig und mit herausgerissenem Ärmel aus der Schule heim: Schwarze hatten ihn auf dem Schulhof verdroschen. Er ist groß und stark, er ist schon vierzehn. Aber gegen so viele kam er nicht an. Er heulte vor Wut.

Vor einem Heim für Asylbewerber

Zum Glück ging's mir nicht so. Ich saß in der Schule neben einer Schwarzen. Die war sehr lieb zu mir. Sie spielte mit mir in der Pause und erklärte mir alles, was ich nicht verstand. Da war ich sehr froh.
Aber in der Nacht, daheim, als wir schon schliefen, splitterte plötzlich die Fensterscheibe, gerade über meinem Bett; etwas flog herein, es krachte fürchterlich, und schon stand der ganze Raum in Flammen. Auch mein Bett. Auch ich selbst. Und ich schrie und schrie und hatte Schmerzen, wie ich sie im wirklichen Leben noch nie gehabt habe. Ich hörte meine Eltern und Michael »Nina! Nina« schreien, aber sie konnten mir nicht helfen,

weil ich lichterloh brannte. Und dann war ich tot. Ich konnte mich selber sehen, weil es ja ein Traum war. Ich lag ganz klein und schwarz in der Asche, und meine Eltern weinten. Michael aber rief: »Ich will nicht in diesem schrecklichen Land bleiben!« Draußen, vor dem rauchgeschwärzten Haus, standen viele Leute. Ein paar von ihnen legten Blumen unter das Fenster, hinter dem ich geschlafen hatte. Andere hörte ich sagen: »Wir haben ja nichts gegen Ausländer, aber wie kommen wir dazu, ihnen von unserem mühsam verdienten Geld etwas abzugeben? Wir sind hier kein Schlaraffenland für Faulpelze. Hoffentlich begreifen sie's bald. Dann käme so etwas nicht mehr vor. Jeder gehört eben in sein eigenes Land …«
Ich wachte davon auf, dass mich Mutti schüttelte. »Was ist denn, Mäuschen?«, fragte sie erschrocken. »Du hat ja so geschrieen! Hast du was Schlimmes geträumt?« »Ich bin verbrannt!«, schluchzte ich. »Jemand hat mich angezündet!« »Aber Ninakind«, sagte Mutti und nahm mich in den Arm, »so was Schreckliches macht doch niemand. Wie kommst du nur darauf? Alle haben dich lieb …«

Nicht mehr fremd …

Seiten 162/163 ◀
Wer Unglück hat, braucht Hilfe

Überlegt: Ist Ninas »Erlebnis« nur ein Angsttraum? Oder erinnert es euch auch an wahre Begebenheiten?

Diskutiert, warum die Einheimischen Ninas Familie so behandeln wie sie es tun: Wie beurteilt ihr dieses Verhalten?

Wenn es stimmt, dass Nina mithilfe des Traums auf etwas aufmerksam gemacht wird: Was wäre das eurer Meinung nach?

Es ist nicht immer einfach, neugierig auf Neue(s) und Fremde(s) zuzugehen. Hin und wieder kann es sogar sinnvoll sein, sich abzugrenzen; meistens aber erschwert das Abkapseln ein gutes Zusammenleben.
Menschen finden viele Gründe, um andere abzulehnen: Manchmal sind Menschen neidisch auf andere – es ist für sie nicht einfach, sich das einzugestehen. Keiner mag von sich sagen können, immer offen zu sein – seien es Einheimische oder Fremde in einem Land. Doch wer sich nicht nur abgrenzt, sondern andere auch ausgrenzt, zerstört die Gemeinschaft, in der er oder sie lebt.

Siebtes Kapitel | Fremd sein

Der Mensch ist keine Graugans

Hans Christian Andersen erzählt in einem Märchen von einer Ente, die ihre Jungen ausbrütet. Es schlüpfen flaumige, niedliche Entenjunge – bis auf eines, das letzte. Es ist ganz anders als seine Geschwister: »Groß, grau und hässlich« sieht es aus, sagen alle.
Auf dem Entenhof bekommt der kleine Außenseiter zu spüren, dass er anders ist ...

Zum Außenseiter gemacht

[...] das arme Entlein, das zuletzt aus dem Ei gekrochen war und so hässlich aussah, wurde gebissen, gestoßen und zum besten gehalten, und das sowohl von den Enten wie von den Hühnern. »Es ist zu groß«, sagten sie allesamt, und der [..] Hahn, der mit Sporen zu Welt gekommen war und deshalb glaubte, dass er der Kaiser sei, blies sich wie ein Fahrzeug mit vollen Segeln auf, ging gerade auf das Entlein los, und dann kollerte er und wurde ganz rot am Kopfe. Das arme Entlein wusste weder, wo es stehen noch gehen sollte; es war betrübt, weil es hässlich aussah und vom ganzen Entenhof verspottet wurde.
So ging es den ersten Tag und später wurde es schlimmer und schlimmer. Das Entlein wurde von allen gejagt, selbst seine Geschwister waren böse darauf und sagten immer: »Wenn die Katze dich nur fangen möchte, du hässliches Geschöpf!« und die Mutter sagte: »Wenn du nur weit fort wärest!« [...]

Die geklaute Uhr

Till kann es nicht glauben: Seine Uhr ist weg – irgendjemand muss sie geklaut haben. Am Morgen jedenfalls war sie noch da. Luisa meint, dass er sie verloren haben muss. Doch Caro fällt ihr ins Wort: »Metim kann bestimmt nicht die Finger von so einer Uhr lassen, findest du nicht?« Paul nickt: »Der fand die doch so toll. Hast du das nicht bemerkt? Außerdem wohnt er in einem Heim für Asylbewerber. Keine Chance jemals an so etwas zu kommen. Ehrlich mal«. Selim fährt dazwischen und herrscht Caro an: »Vielleicht fragst du ihn erst mal, bevor du solche Dinge behauptest. Ist doch echt fies.« Caro will gerade antworten, da tritt einer aus der 8. Klasse ein – mit der Uhr in der Hand: »Hat die jemand zufällig in der Sporthalle verloren?« Caro schaut weg.

Fachübergreifend (Biologie): Tier = Mensch?

Tiere, so ist immer wieder zu hören, handeln ausschließlich nach ihren natürlichen Trieben. Doch der Verhaltensforscher KONRAD LORENZ (1903–1989) erforschte an Graugänsen, dass
5   Tiere nicht nur angeborenes Verhalten zeigen oder ihrem Instinkt folgen – sie können auch etwas lernen:
• Informiert euch im Biologieunterricht über praktische Versuche, die Lorenz' Überlegungen
10 stützen – oder widerlegen.
• Was kann und sollte, in Abgrenzung zum Tier, mit-menschliches Verhalten ausmachen? Ihr könnt dazu das Beispiel von der vermissten Uhr aufnehmen. Dokumentiert eure Ergebnisse.

»Mit den Augen der Vögel sehen«: Der Filmproduzent JACQUES PERRIN machte sich vor einigen Jahren für einen Film Erkenntnisse des Verhaltensforschers KONRAD LORENZ zu nutze (dieser hatte entdeckt, dass Vogeljunge auch Menschen als Eltern akzeptieren und von ihnen lernen können). PERRIN trainierte über zwei Jahre Enten, Gänse, Schwäne und andere Vögel, um sie auf ihren weiten Flug-Wanderungen mit Kamerateams zu begleiten.

Seite 186 ◀
Textnachweis zu Seite 144

1 Wer wissen möchte, wie das Märchen vom hässlichen Entlein ausgeht, kann es bei HANS CHRISTIAN ANDERSEN nachlesen.

2 Vergleicht das Verhalten der Tiere im Märchen mit dem der Schülerinnen und Schüler in der Geschichte von der geklauten Uhr: Stellt Ähnlichkeiten und Unterschiede fest.

3 Warum fällt in dem Gespräch zwischen Till und seinen Mitschülern der Verdacht ausgerechnet auf Metim? Worauf gründet tatsächlich Caros Verdacht?
Überlegt, wie ihr in eurem Alltag den Kreislauf von Vermutung (a), Verdächtigung (b) und Verurteilung (c) durchbrechen könnt.

Seiten 148/149 ◀
In Gefühlen festgefahren

In der Natur gibt es einen instinktiven Schutzmechanismus, um Feinde oder Bedrohungen auszuweichen – es gilt der Grundsatz: »Der Stärkere setzt sich durch«.
Menschen sind viel weniger auf Instinkte oder angeborenes Ver-
5   halten festgelegt als Tiere. Sie können über ihr Tun nachdenken und sich Regeln für ein gutes und menschliches Zusammenleben geben. Darin unterscheiden sie sich von Tieren. Zwar reagieren Menschen instinktiv (gefühlsmäßig) auch oft vorsichtig – sie können aber mit dieser Vorsicht lernen, angemessen umzugehen:
10 Aus Vorsicht muss kein Vorurteil* werden.

Siebtes Kapitel | Der Mensch ist keine Graugans

Fremd im eigenen Land?!

So verschieden

wir sind ja so verschieden
verschieden wie wasser und feuer
verschieden wie tag und nacht
verschieden wie mutter und schraube
verschieden wie mann und frau
wir passen gut zusammen.

ANNETTE KAST-RIEDLINGER:
Hautnah ist noch zu fern

Paul Ich bin echt sauer. Alles sollte so sein wie früher – bevor du nach Argentinien gezogen bist. Statt mit mir Basketball zu spielen, redest du nur mit Selim.
Max Selim versteht mich einfach gut. Seine Familie hat auch in einem anderen Land gelebt. Du weißt doch, dass er aus der Türkei kommt und in den Ferien dorthin fährt.
Paul Wir fahren in den Ferien auch weg. Wir waren schon in Spanien und Italien.
Max Das ist doch etwas ganz anderes.
Paul Okay, einverstanden – aber jetzt bist du doch in Deutschland, zu Hause.
Max So einfach ist das nicht. In Argentinien kommt es mir vor, als ob ich in Deutschland daheim wäre. Aber wenn ich in Deutschland bin, fühle ich mich hier ebenso fremd und möchte am liebsten zurück nach Argentinien. Selim versteht mich.
Paul Ihr habt Probleme! Und ich – fühl' mich hier irgendwie auch schon ganz fremd …

Projekt: Vertrautes verfremden

Gegensätze und Fremdes können faszinieren. Versucht solche Gegensätze selbst herzustellen:
• Lest das Gespräch zwischen Max und Paul. Jedes Mal sollte es anders klingen – zum Beispiel leise (laut), langsam (schnell), mit (ohne) Dialekt, mit hoher (tiefer) Stimme.
• Wie wirkt das Gespräch als Lied, Sprechgesang oder Rap?
• Malt eine Bilderfolge voller Gegensätze: Prämiert die lustigsten Ergebnisse – vielleicht wollt ihr die besten Ideen an den oder die »Ausländerbeauftragte(n)« eures Landes schicken.

1 Ist es dir auch schon einmal so wie Paul ergangen – oder wie Max und Selim?
Erklärt ihre Beweggründe – warum sie sich jeweils fremd fühlen. Worin unterscheiden sich die drei Jungen?

2 Macht Paul, Max und Selim Vorschläge, was sie ändern können, damit keine schlechte Stimmung aufkommt.

3 Stellt ein internationales Buffet zusammen – vielleicht für das nächste Schulfest.
Eine Speisekarte ganz eigener Art könnt ihr schon jetzt anfertigen: Sie informiert darüber, aus welchem Land welche Speise stammt, wo das Land liegt und was man darüber wissen sollte.

4 Leo, der Löwe, und Amadeus, die Maus, kennen sich nicht – und doch haben sie eines gemeinsam: Was könnten sie erlebt haben? Wie sieht ihre Zukunft aus? Malt oder erzählt eine Geschichte dazu.

5 »[…] wenn du mich zähmst«, so sagt der Fuchs zum Kleinen Prinzen und meinte damit vertraut machen, »wird mein Leben wie durchsonnt sein. Ich werde den Klang deines Schrittes kennen, der sich von allen anderen unterscheidet. […] Und dann schau! Du siehst da drüben die Weizenfelder? Ich esse kein Brot. Für mich ist der Weizen zwecklos. Die Weizenfelder erinnern mich an nichts. Und das ist traurig. Aber du hast weizenblondes Haar. Oh, es wird wunderbar, wenn du mich einmal gezähmt hast! Das Gold der Weizenfelder wird mich an dich erinnern. Und ich werde das Rauschen des Windes im Getreide liebgewinnen.«

In Gefühlen festgefahren

Überlegt, warum Verhaltensforscher beim Anblick dieser Skizze von einem »Reiz-Reaktions-Schema« sprechen.

Seite 69 ◀
Methode: Rollenspiel

1 Überlegt, wie sich die beiden Mädchen, der Reitlehrer und der Junge fühlen – was wird ihnen durch den Kopf gehen? Spielt die Bildergeschichte von Seite 148 nach.

2 Spielt die Geschichte weiter: Helfen Argumente, um den Reitlehrer von seiner Meinung abzubringen? Welche anderen Möglichkeiten seht ihr, um ihn umzustimmen?

3 Auf Grund welcher »Signale« weist der Reitlehrer den Jungen ab: Ist die »Begründung« für sein ablehnendes Verhalten nachvollziehbar? Ist sie auch gerechtfertigt?

4 Reizworte und Reizsignale verführen – zu was eigentlich?

Seiten 12/13 ◀
»… auf unsere Sinne verlassen?«

5 Wie kommt es, dass viele Menschen anderen gegenüber oftmals auffällig feste Einstellungen vertreten – und abweichende Sichtweisen nicht zulassen wollen? Ihre Meinungen gründen auf Gefühlen, von denen sich die Betroffenen nicht ohne weiteres lösen können.

Wer über andere Menschen fest gefügte Ansichten vertritt, ist überzeugt, über diese Bescheid zu wissen – häufig, ohne sie tatsächlich zu kennen. Einige »Signale« können schon ausreichen, damit die eigenen Gefühle uns »sagen«, was über jemanden zu
10 denken ist. Dann wird eine vorgefertigte Meinung einer anderen Person übergestülpt (Vorurteil*).

Siebtes Kapitel | In Gefühlen festgefahren

Füreinander da sein

Chris – ganz normal anders

Chris war 14 Jahre alt und in der sechsten Klasse, als seine Eltern für ihn eine neue Schule suchten. Sie entschieden sich für eine so genannte Integrationsklasse, damit er dort mehr Anregungen bekommt. Dort werden Kinder, mit und ohne Behinderungen, gemeinsam unterrichtet. Chris ist seit drei Jahren in seiner neuen Klasse. Was hat sich in diesen drei Jahren getan? Ein Lehrer berichtet über ihn:

»Alle Menschen sind vor dem Gesetz gleich.«
»Niemand darf wegen seiner Behinderung benachteiligt werden.«
Aus dem Grundgesetz, Artikel 3

Anfangs starrten Chris viele Kinder an; andere versuchten ihn zu provozieren. Einige Kinder bemerkten das und beschwerten sich bei der Klassenlehrerin. Daraufhin führte die Lehrerin Gespräche und lud dazu auch Kinder aus anderen Klassen der Grundschule ein.
Heute ist auf dem Schulhof wieder Alltag und Ruhe eingekehrt. Chris ist mutiger geworden. Nach und nach übernimmt er sogar Verantwortung für jüngere Kinder. Chris wird wie andere Schüler an der Schule geachtet. Chris braucht oft die Unterstützung seiner Klassenkameraden. Doch alle, die mit ihm zu tun haben, werden von seiner Begeisterung angesteckt, wenn es um Musik und Tanz geht. Bei einem Fest war er Vortänzer. Er brachte alle – Mitschüler, Eltern und Lehrer – so richtig in Stimmung.

Mehr über Kinder wie Chris und Eva erfahrt ihr in der Ausstellung »Ich bin anders als du denkst« (Ausleihe unter www.down-kind.de).

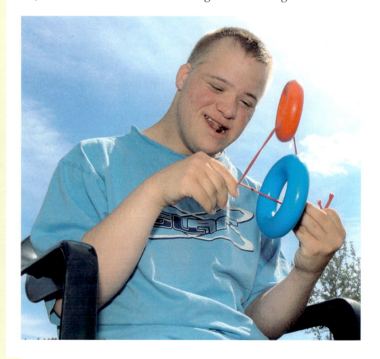

Interview mit Eva

Wer sind deine Geschwister? Stephan und Paul, 14 und 9 Jahre.
Auf welche Schule gehst du? Auf die Friedel-Eder-Schule.
Wie heißen deine Freunde? Katrin, Judith, Lisa.
Welche Musik hörst du gerne? Klavier, Tanzmusik.
Was ziehst du gerne an? Kleider.
Welche Hobbys hast du? Schreiben, Essen, Turnen.
Was machst du besonders gerne? Radfahren, Malen.
Was würdest du gerne machen, aber es ist nicht möglich? So sprechen können, dass mich die Leute verstehen.
Was machst du nicht so gerne? Rechnen.
Was macht dich traurig oder wütend? Wenn ich nicht verstanden werde.
Was isst du gerne? Nudeln, Wurst, Cola, Fleisch, Tomate, Käse, Pommes, Brot.
Wo möchtest du später gerne leben? Das weiß ich nicht.
Welchen Beruf würdest du gerne lernen? Co-Pilot.

Methode: Ein Interview führen

Um ein Interview (Befragung) zu üben, könnt ihr euch gegenseitig trainieren – mit Fragen, die an Eva gestellt wurden (ihr könnt auch andere Fragen bilden). Vor Beginn eines Interviews entscheidet ihr jedes Mal neu, ob ihr eine Person *offen* (mündlich) oder *strukturiert* (schriftlich) befragen wollt:
- Im offenen Interview wird nur das Thema grob abgesprochen – ansonsten könnt ihr euch mit dem Gegenüber »locker« unterhalten und anschließend die wichtigsten Antworten notieren. Stellt kurze Fragen, wählt einfache Worte und vermeidet Fragen, die mit »ja« oder »nein« beantwortet werden können.
- Im strukturierten Interview sind die Fragen vorab festgelegt (schriftlicher Fragenkatalog) – so können zu einem Thema mehrere Personen gleichzeitig befragt werden und ihre schriftlichen Antworten verglichen werden.

1 Stellt zusammen, worin ihr Eva gleicht und in welchen Dingen ihr euch unterscheidet.

2 Diskutiert Gründe, warum Menschen so unterschiedlich sind.

3 Stellt euch Folgendes vor: In einer Stadt sind alle Einwohner aus demselben Erbmaterial entstanden (geklont). Weil alle dieselben Erbanlagen haben, sehen sie gleich aus, sind gleich klug oder dumm, haben dieselben Stärken und Schwächen. Beschreibt in einem Text das Leben in dieser Stadt.

Seite 111 ◀
Methode: Mit Gedanken
experimentieren*

▶◀ »[…] Wenn du einen Freund willst, so zähme mich!« – »Was muss ich da tun?«, sagte der kleine Prinz. – »Du musst sehr geduldig sein«, antwortete der Fuchs. »Du setzt dich zuerst ein wenig abseits von mir ins Gras. Ich werde dich verstohlen, so aus dem Augenwinkel anschauen, und du wirst nichts sagen. Die Sprache ist eine Quelle der Missverständnisse. Aber jeden Tag wirst du dich ein bisschen näher setzen können.«

Das könnte Schule machen!

Bestimmt gibt es zwischen euch hin und wieder Schwierigkeiten in der Verständigung. Versucht doch mal, einige davon gemeinsam anzugehen. Vielleicht gelingt es auf diesem Wege sogar, das eine oder andere Problem zu lösen. Und das ist unser Vorschlag:

Seiten 138/139 und 144/145

Das Experten-Experiment* – oder: Wie (nicht nur) Till zum Leben erweckt wird

Holt in euren Gedanken alle Kinder aus den Seiten dieses Kapitels in euer Klassenzimmer – auch den Yeti, den Reitlehrer und einen Urlaubsreisenden:
- Schreibt zunächst alle Beteiligten an die Tafel.
- In welche Person wollt ihr euch hineinversetzen und für sie sprechen?
- Wenn ihr eure Entscheidung getroffen habt, schaut euch nochmals die Seite an, auf der die gewählte Person auftaucht: Was hat sie erlebt? Was hat sie alles auf der Doppelseite lernen können? Habt ihr noch Fragen dazu oder habt ihr alles verstanden?
- Studiert eure Rolle so gut ein, dass ihr stellvertretend für die gewählte Person zusammenfassen könnt, was sie neu gelernt haben könnte.

Siebtes Kapitel | Das Fremde und das Vertraute

Projekt: Fremde(s) vertraut machen

Viele kleine Projektschritte sind denkbar – einige schlagen wir vor, andere könnt ihr euch selbst ausdenken. Vereinbart dafür einen gemeinsamen »Fahrplan«:
- Ein Problem erkennen und beschreiben – dabei verschiedene Blickwinkel (Perspektiven*) einnehmen.
- Gemeinsame Ziele formulieren, Lösungswege suchen und Handlungsschritte verabreden.
- Den Zeitpunkt für eine Bilanz bestimmen: Was ist der »Stand der Dinge«?

Projekt 1: Ein aktuelles Verständigungsproblem in eurer Klasse benennen – zum Beispiel erzählt jemand:

»René und Steve sind seit einem Monat bei uns in der Klasse. Sie hängen immer zusammen. Eigentlich habe ich von mir aus auch keine Lust, mit denen etwas zu machen. Und dann kamen die beiden in unsere Handball-AG. Wir sind nur wenige Leute und jeder wird gebraucht. Zunächst war ich ziemlich genervt, weil die nie einen Ball abgegeben haben. Und heute haben die dann noch drei andere aus der Klasse 6c mitgebracht. Jetzt sind wir zwar viele Leute, aber es macht keinen Spaß mehr. Das sehen auch andere so. Unser Trainer hat gemeint, es liegt an uns, ob sich daran etwas ändert. Na klasse – und was sollen wir jetzt machen?«

Projekt 2: In eine Rolle schlüpfen und etwas zur Problemklärung beisteuern, zum Beispiel:
- Till, der seine Angst vor Veränderung überwindet, schlägt etwas vor.
- Ein Reisender, der endlich versteht, warum ihm etwas fremd bleibt.
- Der Yeti, der vor dem erschrickt, was andere von ihm denken.
- Caro, die sich vornimmt, nie wieder jemanden zu verdächtigen.

Lesetipp

Tahar Ben Jelloun: Papa, was ist ein Fremder? Gespräch mit meiner Tochter. Mit einem Nachwort von Daniel Cohn-Bendit. Aus dem Französischen von Christiane Kayser, Reinbek: Rowohlt Taschenbuchverlag 2000 (Ein Mädchen stellt seinem Vater viele Fragen und bekommt Antworten – in diesem Buch könnt ihr sie nachlesen.)

Achtes Kapitel

Glück und Leid

Das sind wir: Lea und Paul. Wir sind echt froh. Warum?
Wir kamen auch an der neuen Schule in dieselbe Klasse.
So können wir uns bei den Schularbeiten helfen und
zusammen spielen.
5 Wir sind schon lange befreundet. Jetzt wollen wir mal
sehen, ob wir noch neue Freundinnen und Freunde finden.
Vielleicht ist auch Lina dabei? Wir spielen gern mit ihr.
Sie ist aber am liebsten für sich. Da kann sie in Ruhe über
alles nachdenken oder mit Diesel toben – das ist ihr Dackel.
10 Ihr wisst ja: Es gibt viele Arten, froh und glücklich zu sein.

1 Überlege, was diese Doppelseite über Glück und Leid »erzählt«.

2 »Froh und glücklich sein«: Schreibt dazu kleine Geschichten und lest sie euch gegenseitig vor.

3 Leid und Unglück? Besprecht, was ihr darunter versteht – und nennt Beispiele.

Wege zum Glück

Bilder vom Glück

Glücksklee, Glückspilz, Glücksschwein ... – Es gibt viele Bilder vom Glück und von Menschen auf der Suche danach. Besonders schöne Bilder malen die Märchen. Denkt nur an die weißen Tauben und die silbernen und goldenen Kleider von Aschenputtel, an die Edelsteine, die Hänsel und Gretel dem Vater bringen, oder an die Sterntaler, die vom Himmel fallen. Auch das ganz kurze Märchen vom Dümmling schafft es mit erstaunlichen Bildern, dass wir mit Hans bangen und uns mit ihm freuen ...

Doch lest selbst, was Hans durchlebt auf seinem Weg zum Glück. Möglicherweise habt ihr Ähnliches erfahren oder geträumt.

Dümmling

Es war einmal ein Hans, der war so unerhört dumm, dass ihn sein Vater in die weite Welt jagte. Er rennt vor sich hin, bis er ans Meeresufer kommt; da setzt er sich hin und hungert. Da kommt eine hässliche Kröte auf ihn zu und quackt, umschling mich und versenk dich! So kommt sie zweimal; er weigert sich; wie sie aber zum dritten Mal kommt, folgt er ihr. Er sinkt unter und kommt in ein schönes Schloss unter dem Meer. Hier dient er der Kröte. Endlich heißt sie ihn mit ihr zu ringen; und er ringt und die hässliche Kröte wird zu einem schönen Mädchen und das Schloss mit all seinen Gärten steht auf der Erde. Hans wird gescheit, geht zu seinem Vater und erbt sein Reich.

BRÜDER GRIMM

Nachdenken über Hans

Lea   Wie der Hans da am Wasser sitzt, so richtig traurig.

Paul   Wieso? Der hat doch Glück – der kriegt doch alles!

Lea   Aber erst später. Hans muss doch ...

»Bastian haut rein«

Wenn Bastian Pickel die Becken krachen lässt und mit dem Fuß rhythmisch die Basstrommel bedient, sind Erwachsene immer ziemlich »platt«: Der Junge aus Pogez in Mecklenburg-Vorpommern ist erst elf Jahre alt – aber am Schlagzeug ein absoluter Wirbelwind. Schon sechs Jahre lang jongliert er mit den Stöcken – und seit der berühmte Drummer Mark Schulmann ihn als Talent »entdeckt« hat, ist der kleine Künstler schon oft im Fernsehen aufgetreten. In Lübeck hat Bastian jetzt sogar ein großes Musikfestival eröffnet. Und auch einen Sponsor hat der Junge mit den flotten Händen schon gefunden: Eine Schlagzeug-Firma stattet ihn seit Jahren kostenlos mit den teuren Instrumenten aus – damit Bastian ganz ungehemmt drauflos »scheppern« kann.

Aus: Geolino (2003)

Sprichwörter

»Hilf dem Glück, dann hilft es dir.«

»Hast du Verstand, dann hast du Glück.«

»Glück hat auf die Dauer nur der Tüchtige.«

»Glück ist ein Geschenk.«

»Jeder ist seines Glücks Schmied.«

Aussprüche

»Glück ist, wenn ich gewinne.«
Leander (Deutschland)

»Wenn ich ein bisschen mehr Zeit zum Spielen hätte, dann wäre ich glücklich.«
Aruna (Mali, ein Land in Afrika)

1 Malt eure Bilder vom Glück im Märchen und stellt sie euch gegenseitig vor.

Seite 156 ◀ 2 Lea sagt: »Hans muss doch ...« – Sprecht darüber, was Hans tut, bevor er gescheit und reich wird.

3 Hans und Bastian sind »Glückspilze«: Überlegt, worin sich ihre Wege zum Glück gleichen und was diese unterscheidet.

4 Besprecht, was ihr von den Sprüchen auf dieser Seite haltet – und denkt euch selber welche aus.

5 Befragt euch gegenseitig: Was tust du zum Glück?

▶ ◀ Ein Weg zum Glück ist: Du kommst ihm entgegen – mit offenem Sinn und richtigem Tun.
Doch das Glück hat viele Seiten: Es ist wechselhaft und zeigt sich nicht immer denen, die es verdient hätten. Schauen wir weiter ...

Glück im Unglück

Ein »Wechselbad«

»Na Lea, wie war dein Tag in der neuen Schule?«, fragt die Mutter, während sie den PC herunterfährt.« – »Ach Mami, wenn ich das so genau wüsste …«, kommt es zögernd zurück. »Übrigens«, ergänzt Lea etwas stockend: »Herr Suhrbier hatte, äh …, die Mathearbeit schon mit, die wir gestern geschrieben haben.« – »Ja und?«, will die Mutter wissen, »hat doch bestimmt geklappt – so gründlich wie Paul und du euch gemeinsam vorbereitet habt!?«

Leas Augen werden etwas feucht, während sich Samson, ihr kuschelig-verspielter Retriever seitlich an sie schmiegt – als wüsste er, dass Lea gerade jetzt Trost braucht. »Paul, nun ja, der hat 'ne ziemlich gute Note. Der hat mich auch gleich getröstet, richtig lieb. Aber was ich nicht verstehe: Natalie, die gar nichts geübt hat, hat die zweitbeste Arbeit. Empörend! Vielleicht hat die auch bloß bei Hetti abgeschrieben, die zufällig neben ihr saß – und Herr Suhrbier hat's nicht gemerkt. Stell dir vor, die hat mir so 'ne lange Nase gemacht!«

»Schatz«, sagt die Mutter sanft, »das tut mir richtig Leid für dich, dass du diesmal so ein Pech hattest« – sie drückt Lea ganz fest an sich, während ihr Samson die Tränen abzulecken versucht, die ihr jetzt in dicken Kullern die Wangen herab laufen. »Ach du lieber, dummer Kerl!«, stöhnt Lea und kann schon wieder lächeln, während ihr erneut Tränen in die Augen treten.

Diesmal sind es aber ganz andere Tränen.

Aus Angst vor solchen Ergebnissen bringen viele Schüler »Maskottchen« zu den Klassenarbeiten mit, die den ersehnten Erfolg garantieren sollen. Selbst wenn nette Lehrer/innen so etwas nicht verbieten, bleibt die Frage: Helfen diese »Glücksbringer« wirklich?

Man sagt, Glück sei wie eine Seifenblase … – warum?

Fachübergreifend (Deutsch): Machen Bücher glücklich?

Vielleicht hast du dich schon einmal gefragt, warum das Lesen von Büchern so faszinierend sein kann. Manche sagen: Es ist die Suche nach dem Glück, die uns beim Lesen mit den Lieblingsfiguren verbindet:

• Erforsche in deinen Lieblingsbüchern und im Lesebuch, mit welchen Gefühlen die Heldinnen und Helden Glück oder Pech, Erfolg oder Misserfolg erleben.

• Bitte deine Sprachlehrer/innen um weitere Lesetipps.

Wer hat Recht?
Der griechische Philosoph* ARISTOTELES* behauptet, Kinder könnten nicht richtig glücklich werden – ihre Vernunft* sei dafür noch zu klein. Wieso erscheint dann aber vielen älteren Menschen die Kindheit als die einzige Zeit, in der sie »noch« wirklich glücklich waren?

Vielleicht hat hier jeder auf seine Weise Recht – je nachdem, was er unter »Glück« versteht (siehe Seite 167).

(Un-)Glücksgefühle

Geteilte Freude ist doppelte Freude.

Alles Mist – heute geht auch alles schief!

Des einen Freud, des anderen Leid.

Alles Glück der Erde liegt auf dem Rücken der Pferde.

Ich könnte die ganze Welt umarmen!!!

Schadenfreude ist die schönste Freude.

Glück und Glas, wie leicht bricht das.

pantomimisch: etwas mit Gebärden und Mienenspiel darstellen, ohne zu sprechen.

1 Wie hat Paul seine Freundin Lea wohl getröstet? Spielt diese Szene und auch die mit der schadenfrohen Natalie pantomimisch nach.

2 Vergleicht die verschiedenen Arten von Glücksgefühlen, die Paul, Lea und Natalie im Laufe des Tages erleben.

3 Gewiss hast du in der Schule oder anderswo auch schon mal Pech oder Glück gehabt: Berichte darüber und vergleiche deine Erfahrungen mit denen der anderen.

4 Diskutiert: Treffen Glück und Pech immer die »Richtigen«?

Collage: ein Bild, zusammengefügt aus verschiedenen Materialien, die sich aufkleben lassen (zum Beispiel aus Fotos, Textbausteinen, Wollresten, buntem Papier).

5 Malt oder zeichnet Rätselbilder zu den Redeweisen, die über Glückserfahrungen sprechen: Stellt sie zu einem großen Wandbild, einer Collage, zusammen.

In vielen Märchen führt die Suche nach dem Glück zu einem guten Ende. In der Wirklichkeit aber zeigt sich, dass Glück zwar oft mit Mühe und Anstrengung verbunden ist, irgendwie aber immer »Glückssache« bleibt. Und ob du nun Pech oder Glück, Erfolg oder Misserfolg erlebst: Es tut gut, Freunde unter Menschen und Tieren zu haben, die mitfühlend reagieren.

Achtes Kapitel | Glück im Unglück

Die Welt der schönen Dinge

Vom sagenhaft reichen König MIDAS (regierte 738–696 v. Chr.) wird berichtet, dass sich unter seiner Berührung alles in Gold verwandelte – leider aber auch das Brot, das er essen wollte. Hier lässt sich der König waschen – seither sollen im Fluss Goldblättchen schwimmen.

Das Sprichwort sagt: »Glück kann man nicht kaufen!« Wohl wahr! Vielleicht ist aber auch das Gegenteil richtig – wer kennt nicht das tolle Gefühl, den lang ersehnten superschnellen Computer (natürlich einschließlich Komplett-Zubehör) endlich unter den »Schnäppchen« zu finden und anschließend triumphierend im eigenen Zimmer aufzustellen? (Die Freunde werden ganz schön neidisch werden!)

Du brauchst dir nur die Werbung anzuschauen: Bietet unsere moderne Welt nicht eine unübersehbare, ja geradezu märchenhafte Fülle an Möglichkeiten, schöne Dinge zu erwerben, die dich froh und stolz, vielleicht sogar glücklich machen? Welcher Art ist aber das Glück, das mit »Besitz« und »Konsum« verknüpft ist? Was gibt es? Wie lange hält es vor? Wie sicher ist es?

Freistunde

Die Klasse jubelt, als der Direktor persönlich erscheint und den Englisch-Unterricht bei Frau Myers mit der Information unterbricht, leider müsse Sport in der 6. Stunde ausfallen, da Frau Hammer mit einer Panne auf der Autobahn liegen geblieben sei. Lea aber weiß sofort, was mit der freien Zeit anzufangen ist: »Mensch Paul, tolle Chance: Da können wir ein bisschen in der Einkaufspassage bummeln, vielleicht 'nen Muffin essen und gemütlich Schaufenster gucken!« – »Okay«, tönt Paul, »das machen wir!«

Und nun sehen wir die beiden Freunde, wie sie lässig-cool (und wahrscheinlich total »happy«) durch die Welt der schönen Dinge schlendern. Angebote wie »Dabei sein ist alles«, »Geht nicht gibt's nicht!«, »Hält länger als es kostet« und »Geiz nein Danke« oder »Jetzt umsteigen« locken hinter glitzernd aufgemachten Scheiben. Dahinter verbergen sich raffiniert angeleuchtete »Supersparhits«, »Kombi-Angebote«, »Tiefpreiskracher«, »Schnäppchen« und »Verkauf solange Vorrat reicht«. Angesagt ist der schnelle und günstige Erwerb der neuen »Web-Cam-Handys« von »Konia« und »Mielens« (mit polyphonen Klingeltönen und Logos), der unbeschwerte Trinkgenuss von »Alko-Pops«, »Youwell-Lifestyledrinks« und »Cool-Ups«, das unverbindliche

Probehören der CDs mit den neusten Stars und Super-Stars der Charts. Lea und Paul bestaunen die Auslagen der neusten Designermode für Kids von Carol Kahn und Cora-Wear und bleiben eine Weile vor einer Tierwarenhandlung stehen, die ultramoderne Spielzeuge und Käfige für die kleinen Lieblinge anbietet (»ein Muss für Winni Pooh-Fans«) und …

Der griechische Philosoph EPIKUR (342–270 v. Chr.) ist überzeugt davon, dass sich die Menschen ernsthaft um ihr Glück bemühen müssen: In erster Linie solle man sich von unnötigen Ängsten freimachen, um das Leben wirklich genießen zu können. Ihm selbst genügten zum täglichen Glück in seinem Garten ein Kanten Brot und ein Stück Käse – schon, weil man sonst kein gutes Essen wirklich genießen kann. Von ihm stammen die Sprüche:
• *An alle Wünsche sollen wir die Frage stellen: Was wird mit mir geschehen, wenn erfüllt wird, was ich wünsche, und was, wenn es nicht erfüllt wird?*
• *Reichtum, der keine Grenzen kennt, ist große Armut.*

1 Untersucht in Prospekten, Werbespots und Schaufensterauslagen, mit welchen weiteren Glücksversprechungen käufliche Dinge angeboten werden. Ihr könnt hierzu auch eine Collage anfertigen.

Seite 111 ◄ 2 Stelle dir vor, du musst mit den anderen aus deiner Lerngruppe auf
Methode: Mit Gedanken eine einsame Insel auswandern und darfst nur fünf Dinge mitneh-
experimentieren* men, von denen du glaubst, dass ihr Besitz dich glücklich macht. Vergleiche deine Auswahl mit den anderen Mitgliedern der Lerngruppe und untersucht gemeinsam, welche eurer Bedürfnisse durch diese Dinge befriedigt werden.

3 Diskutiert: Gibt es etwas, was noch wichtiger fürs Glück ist als der Besitz käuflicher Dinge?

> Niemand kann ohne nützliche und schöne Dinge glücklich sein. Aber deren Besitz macht nicht automatisch und vor allem nicht restlos glücklich. Vielleicht ist die Glückssuche auch eine Sache lebenslangen Lernens. Ist es da nicht klug, die »innere« Wunschliste wenigsten an einigen Stellen freizuhalten?

Achtes Kapitel | Die Welt der schönen Dinge

Wer Unglück hat, braucht Hilfe

»Was ist mit dir, Paul?«
»Nichts, Lea. Überhaupt nichts.«
»Du weinst aber.«
»Kein bisschen.«
»Doch, Pauli. Und nun sag schon …«
Paul schweigt. Sagt nichts. Guckt weg. Lea weiß nicht, was sie machen soll. So steht sie still neben Paul; bleibt einfach bei ihm.
Endlich kommt es aus Paul heraus: »Muttis jüngster Bruder, mein Lieblingsonkel Jan, ist beim Bau vom Gerüst gefallen. Und jetzt, im Krankenhaus, wissen sie nicht, ob er wieder …« Paul schluckt und schluckt, bevor er dann sagen kann: »Meine Mutti weint nur noch. Und meine Oma erst! Sie ist ganz stumm. Sie spricht nicht mehr.«
Lea greift nach Pauls Hand. »Komm«, sagt sie, »wir gehen zu ihr. Du und ich. Vielleicht …«

Du bist nicht allein

»Vielleicht …«, sagt Lea. Und wie viel Hoffnung steckt in diesem Wörtchen: Dass Paul und seine Mutter nicht mehr weinen. Dass Pauls Oma spricht, dass sie reden kann über ihren Kummer. Und dass sie im Krankenhaus den verunglückten Jan wieder auf die Beine bringen.
Das hofft Lea. Aber sie tut auch etwas: Sie steht ihrem Freund bei und sie geht mit ihm zu den anderen, die Unglück erleiden.
Es gibt schöne alte Worte, die solches Verhalten ausdrücken: Mitleid, Nächstenliebe, Mitfühlen, Güte, Barmherzigkeit. Ihr könnt sie in der Bibel, im Koran, in den Märchen und Geschichten aller Völker finden – auch in Zeitungen und im Fernsehen.
Ein moderner Begriff heißt »Solidarität«; er meint: Wir Menschen sind wechselseitig miteinander verbunden und tragen deshalb Mitverantwortung für einander, wo auch immer Hilfe Not tut: im fernen wie im eigenen Land, in der Familie und der Schule, zwischen Freunden; auch gegenüber der Natur.
Schließlich der Begriff »Mitteilen«. Darin liegt ein doppelter Sinn …

Lied der Freundschaft

Die Red' ist uns gegeben,
damit wir nicht allein
für uns nur sollen leben
und fern von Leuten sein;
wir sollen uns befragen
und sehn auf guten Rat,
das Leid einander klagen,
so uns betreten hat.

SIMON DACH
(Pfarrer und Philosoph*,
lebte von 1605 bis 1659)

Methode: Einen Kurztext analysieren
Der aus dem Griechischen stammende Begriff »Analyse« bedeutet »Auflösung«. Hier geht es um die »Zerlegung« eines Textes in seine Teile, um ihn besser zu verstehen – zum Beispiel das Gedicht auf dieser Seite. Lest die Zeilen – einmal, zweimal, dreimal; dann sprecht sie leise vor euch hin. Überlegt anschließend:
• Was mag das heißen: »Die Red' ist uns gegeben?« Überhaupt: Wer ist »uns«?
• Benennt die Worte, die ausdrücken, wie wir zueinander sein sollten – besonders, wenn wir Leid erfahren.
• Versucht aus den Zeilen herauszulesen, welche Vorstellung oder welches Bild vom Menschen sie vermitteln.

Zum Nachdenken

Im Unglück erweist sich wahre Freundschaft.

»Einer trage des anderen Last.«

Fremdes Unglück hat viele Gesichter. Hilfe dagegen eins: deins!

Zahllose Kinder in Lateinamerika haben keine menschenwürdige Wohnung – sie leiden Mangel an Trinkwasser, medizinischer Versorgung und Schulplätzen.
Es gibt Millionen von Straßenkindern, denen keiner jemals ein Märchen erzählt, sie streichelt oder tröstet.

1. »Vielleicht«, sagt Lea und nimmt Paul bei der Hand. Zeigt in einem Stegreifspiel, wohin die beiden gehen und was sie bewirken.

2. Schreibe auf, was im Begriff »mitteilen« steckt.

3. Sammelt in Partnerarbeit weitere Begriff, die ausdrücken, wie Menschen einander im Unglück beistehen sollten, und tauscht euch im Plenum darüber aus.

4. Schreibe auf oder male, was dir half, als du einmal unglücklich warst. Wenn du möchtest, teile es den anderen mit.

> Fast jeden trifft irgendwann das Unglück, oft unverhofft und ohne eigene Schuld. Denn Glück und auch Unglück hängen nicht allein von unserem Tun ab. Es ist Zufall, meinen deshalb die einen; es ist Schicksal oder liegt in Gottes Hand, glauben die anderen. Wieder andere weisen darauf hin, dass Glück und Unglück von Lebensverhältnissen abhängen, in die man hineingeboren wird und die (auch) andere Menschen zu verantworten haben. Aber immer gilt: Wir sollten niemanden allein lassen und selbst nicht allein bleiben im Unglück (siehe Seiten 174/175: Wir sind nicht alle gleich).

Das Glücksrad, gedreht von der Göttin »Fortuna« – auch ein beliebtes Motiv in der Kunst: Ist Glück berechenbar oder vom Zufall abhängig?

Osman aus Westafrika, 12 Jahre, sorgt für seine kleinen Schwestern. Sein Vater starb im Bürgerkrieg, seine Mutter an Aids. Können wir Osman mit unserer Solidarität helfen?

Achtes Kapitel | Wer Unglück hat, braucht Hilfe

Das eine Glück und die vielen Glücksarten

Geburtstagsgespräch

Paul hat Geburtstag und eine nette Gesellschaft eingeladen. Alle haben in seinem Zimmer auf sämtlichen möglichen und unmöglichen Sitzgelegenheiten Platz genommen.

»Ich denke«, sagt Paul, »jemand kann ausgesprochenes Glück haben und ist dabei trotzdem nicht glücklich.« – »Versteh' ich nicht, nenn doch mal ein Beispiel!«, kommt es aus der Runde. »Angenommen«, setzt Paul fort, »du er-
5 fährst heute Abend, dass du im Preisausschreiben einen digitalen Fernseher gewonnen hast; du streitest dich aber ständig mit deinen Eltern oder bekommst in der Schule immer schlechte Noten. Dann hast du zwar Glück gehabt, aber ob du nun glücklich bist, das ist noch sehr die Frage.« –
10 »Dann hat das Wort Glück aber zwei verschiedene Bedeutungen!«, denkt Ben laut. »Richtig, du Schlaukopf!«, kommentiert Paul.

JOSEPH MALLORD WILLIAM TURNER, In der Sonne stehender Engel. Religiöse Menschen betrachten das wahre, unzerstörbare Glück als ein göttliches Geschenk, das mitten im Leben anfängt – oder erhoffen es sich erst in einer überirdischen, jenseitigen Welt, zum Beispiel als Lohn für ein gutes Leben.

Gut, dann will ich eben kein Glück *haben*, sondern glücklich *werden* – fragt sich nur
15 wie?«, wirft Sandro ein, der zuvor auf seiner E-Gitarre eine eigene Bearbeitung von »Happy Birthday« dargeboten hat: »Ich will in die Charts, will berühmt werden und irre viel Knete will ich natürlich auch machen.« –
20 »Wir sind doch schon alle in deinem Fan-Club!«, spottet Ellen, »trotzdem möchte ich auf eine ganz andere Art glücklich werden. So im Alleingang als einsamer Super-Star könnte ich mein Glück, glaub ich, nicht machen.
25 Ich möchte irgendwann so'n richtig schönes Familienleben haben, viele Freunde und natürlich einen Beruf.« – »Da hast du dir aber viel vorgenommen«, ruft Harun dazwischen: »Ich wäre schon glücklich, wenn mein Vater
30 endlich wieder Arbeit hätte. – Denkt aber ja nicht, dass wir total unglücklich sind. Wir haben Verwandte und Freunde, die uns über die schwere Zeit hinweg helfen.« Harun greift Leas Hand: »Und sie ist auch dabei.« Lea
35 wird ganz rot, als sie zögernd sagt: »Ich, ich tue das gern. Und wisst ihr: Das macht mich irgendwie glücklich.«

Methode: Begriffe verstehen und abgrenzen können

Wenn ihr im Ethikunterricht diskutieren wollt, solltet ihr euch darüber verständigen, was ihr unter wichtigen Begriffen wie zum Beispiel »Glück«, »Gerechtigkeit«, »Verantwortung« und »Solidarität« versteht. Ein Werkzeug kann – falsch angewendet - mehr Schaden als Nutzen anrichten. Und Begriffe sind das Werkzeug des Denkens und Miteinandersprechens. Wenn ihr frühzeitig erforscht, was solche Begriffe bedeuten, oder aber gemeinsam festlegt, was sie für euch bedeuten sollen, dann gewinnt ihr zuverlässige Spielregeln für eure Diskussionen. Versucht es einmal mit folgenden Verfahren:

• In einem Satz notieren, was ein Begriff für dich persönlich bedeutet.
• Sätze aus der Alltagssprache suchen, in denen der zu klärende Begriff vorkommt, und die jeweilige Bedeutung klären.
• Sinnbilder und Symbole* sammeln, die den Begriff veranschaulichen (zum Beispiel vierblättriges Kleeblatt als Sinnbild für Glück).
• In einem Lexikon (oder im Internet) nachschauen, wo der Begriff ursprünglich herkommt und ob es in den euch bekannten Fremdsprachen ähnliche Begriffe gibt.
• Ähnliche oder verwandte Begriffe im Umfeld des zu klärenden Begriffes finden, die automatisch »mitgedacht« werden.
• Einen Begriff suchen, der das Gegenteil des zu klärenden Begriffs darstellt (zum Beispiel Glück und Unglück/Pech).
• Das Verhältnis eines Begriffs zu verwandten Begriffen in einer Grafik darstellen: zum Beispiel Mindmapping, Wortspinne, Begriffspyramide, Begriffskreise.

Diese Mutter ist in Sorge um ihr neugeborenes Baby: Erlebt sie ihr Mutterglück noch als ein Geschenk?

1 Welche zwei verschiedenen Bedeutungen des Wortes »Glück« hat Ben wohl im Gespräch mit Paul entdeckt? Was verrät unsere Alltagssprache darüber, wenn wir »Glück haben« und »glücklich sein« unterscheiden? Gibt es diesen Unterschied auch in anderen Sprachen?

2 Setzt die Diskussion über den Wert* der verschiedenen Glücksarten (Arten, glücklich zu sein) in der Lerngruppe fort.

3 Versucht Glücksarten zu bestimmen, indem ihr unterscheidet nach:
• der zeitlichen Dauer des Glücks
• äußeren und inneren Glückszielen (Besitz, Ruhm, Vertrauen, Geborgenheit)
• der sozialen Form der Glückssuche (Glück im Alleingang, in einer Gemeinschaft).

4 Diskutiert, welche Glücksart erstrebenswerter ist:
• lang anhaltendes Glück oder kurze Augenblicke?
• Glück (nur) für mich oder Glück in der Verantwortung auch für die anderen?

▶◀ Wenn du selbst etwas für dein Glück tun willst, musst du dich oft im Leben entscheiden: Suchst du vor allem kurze, intensive Glücksaugenblicke oder ein eher dauerhaftes Glück? Suchst du eher das Glück, das die Welt der schönen Dinge geben kann, oder das Glück, das aus Vertrauen und Geborgenheit kommen kann? Willst du dein Glück eher im Alleingang oder im riskanten Zusammenleben mit anderen machen?

Das Glück finden und festhalten?

Laotse, auf einem Ochsen reitend: Geboren etwa 600 v. Chr., war er Geschichtsschreiber im Staat Tschou. Als Laotse den Verfall des Staates sah, beschloss er in die Einsamkeit zu ziehen. Am Grenzpass soll er das Buch »Tao-Tê-King« (Der Weg und die Tugend) geschrieben haben.

»Nicht-Handeln«, chinesisch »Wu-Wei«, bedeutet keineswegs Untätigkeit oder Bequemlichkeit. Laotse will nur darauf hinweisen, dass man das Glück nicht erzwingen kann, dass es aber unerwartet kommen kann, wenn man zum rechten Zeitpunkt bereit ist.

Wahres Glück

Glück war schon das beherrschende Thema der altchinesischen Philosophie* des Tao*. Laotse, einer ihrer bedeutendsten Vertreter, äußerte vor zweieinhalbtausend Jahren Gedanken, an denen ihr euer Glückswissen überprüfen könnt:

»Gibt es überhaupt wahres Glück? Gibt es etwas, was unser Leben erhalten kann? […] Was die Welt schätzt, ist Reichtum, Ansehen, langes Leben und Herzensgüte. Was die Leute genießen, ist Reichtum, gutes Essen, feine Kleidung, Schönheit und Musik. Was sie hassen, ist Armut, schlechtes Ansehen, jung sterben und hässliche Krankheit. Worüber sich die Leute Sorgen machen, ist, dass ihr Leib nicht gesund bleibt und dass sie nicht im Stande sein können, schmackhafte Speisen zu genießen, feine Kleider zu tragen, schöne Dinge zu sehen und gute Musik zu hören. Wenn sie diese Dinge nicht erhalten, verfallen sie in tiefe Trauer und Sorge. Solches Haften an Äußerlichkeiten ist wirklich töricht. Die Reichen laufen geschäftig herum, um Reichtum anzuhäufen, den sie nicht gebrauchen können. Ihre Art, sich an äußerliche Bequemlichkeit zu klammern, ist oberflächlich. Die, welche Stellungen bekleiden, planen und sorgen Tat und Nacht und fragen: »Soll ich das tun oder nicht?« Ihre Art, sich an Äußerlichkeiten des Lebens zu halten, ist nicht verlässlich. […] Und was das betrifft, was die Welt tut, und die Art, wie die Leute ihr Glück suchen, weiß ich wirklich nicht, ob ein solches Glück wirklich Glück ist oder nicht vielleicht Unglück. […]

Ich betrachte Nicht-Handeln als das wahre Glück, während die Welt dies als großes Unglück ansieht. […] Vollkommenes Glück ist das Nichtvorhandensein des Strebens nach Glück.«

1 Welche Glücksziele hat Laotse im Verhalten seiner Mitmenschen beobachtet? Welche Formen des Leidens, des Unglücks wollen sie vermeiden?

2 Mit welcher Begründung lehnt Laotse die beschriebene Art der Glückssuche ab? Ist diese Begründung auch für Glücksziele wie »langes Leben« oder »Herzensgüte« überzeugend?

3 Überlegt, ob man Laotses Gedanken anmerkt, dass sie vor langer Zeit gedacht wurden?

4 Diskutiert: Ist Laotses Idee, dass das einzig wahre Glück im Nicht-Streben nach Glück besteht, die Lösung, nach der so lange gesucht wurde?

Wer oder was beeinflusst das Glück?

Im alten Griechenland war es üblich, vor wichtigen Unternehmungen ein »Orakel« zu befragen, ob man mit einem glücklichen Ausgang rechnen könne; berühmt war zum Beispiel das Orakel zu Delphi. Die alten Griechen glaubten, dass sich im Orakelspruch das vorherbestimmte Schicksal des Einzelnen zeige. Der griechische Philosoph ARISTOTELES* dagegen schrieb an seinen Sohn NIKÓMACHOS sinngemäß folgendes: »Man sollte aus dem Glück so etwas wie eine schöne Gewohnheit, eine Tugend machen – etwas, was man ganz einfach immer kann.«

Der »Skarabäus«, ein Symbol* der Sonne, verkörperte im alten Ägypten den Traum der Unsterblichkeit und des höchsten Glückes, auf der Sonnenbarke des Gottes Ra mitsegeln zu dürfen; außerdem galt der Skarabäus als wirkungsvoller Glücksbringer für das irdische Leben am Nil.

»Freitag, der 13te« gilt als ausgesprochener Unglückstag. Die Unfallforschung hat aber ermittelt, dass an diesem »verflixten« Tag ebenso viele Unfälle passieren wie an »normalen« Freitagen. Liegt es daran, dass die Menschen an solchen typischen »Unglückstagen« ganz einfach viel vorsichtiger sind oder …?

Projekt: Glücksbringer untersuchen

Wer entscheidet über das Glück? Die eigene ernsthafte, kluge Anstrengung? Zähigkeit und Durchhaltevermögen, wenn's »vorerst mal« schief geht? Oder sind es rätselhafte Mächte wie die Schicksalsgöttin »Fortuna«, vielleicht auch nur Rituale* und Glücksbringer, die über Glück und Pech, Gelingen und Misslingen, Glücklichsein und Unglücklichsein bestimmen? Die folgenden Vorschläge helfen euch, dieser wichtigen Frage in einem Projekt nachzugehen:
- Bringt Glücksbringer von zu Hause mit und berichtet über eure Erfahrungen.
- Sammelt Glücksbringer (oder deren bildliche Darstellungen) aus alten und fremden Kulturen. Informiert euch über ihre Bedeutung und die Art ihrer Verwendung.
- Entwerft einen Fragebogen und erforscht, welche Art von Glücksbringern eure Mitschüler/innen in bestimmten Situationen verwenden und welche Erfahrungen sie damit gemacht haben: zum Beispiel bei Tests oder in Sportveranstaltungen.
- Führt mit verteilten Rollen ein Streitgespräch zum Thema: *Pendeln oder Handeln? Der wahre Weg zum Glück.*

Achtes Kapitel | Das Glück finden und festhalten

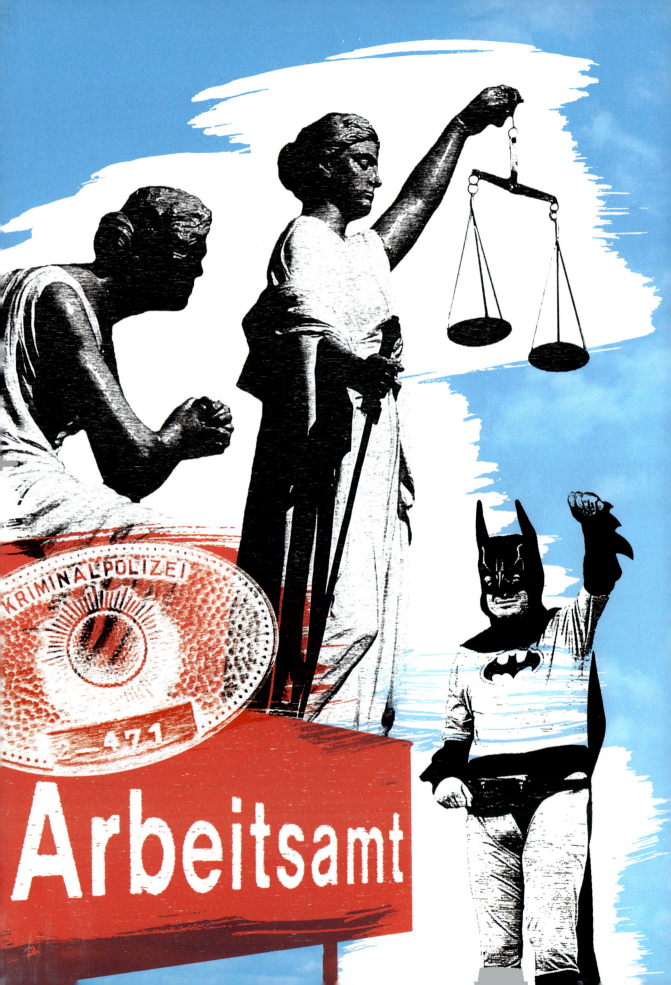

Neuntes Kapitel

Gerecht und gewaltfrei handeln – mehr als nur ein Traum?

Was ist gerecht? Was ist ungerecht?

Diese Frage hat schon viele Menschen beschäftigt: zu allen Zeiten und in allen Kulturen*. Die Antworten fallen sehr unterschiedlich aus, aus vielerlei Gründen. Dennoch beschäftigen sich Menschen immer wieder neu damit.

»Gerecht ist, wenn alle das Gleiche bekommen.«
Marion (10 Jahre)

»Wenn jeder so viel bekommt wie er braucht, ist es gerecht.«
Christian (11 Jahre)

»Gerecht ist es, wenn alle die Klassenregeln einhalten. – Was aber, wenn die Regeln nicht gerecht sind?«
Theresa (13 Jahre)

1 Erzähle, was du unter »Gerechtigkeit« verstehst? Nutze dazu auch die Figuren dieser Doppelseite.

2 Schaut euch die Ansichten der Kinder auf dieser Seite an: Welchen Auffassungen schließt du dich an? Welche findest du problematisch? Überlegt, ob es Gründe für die verschiedenen Auffassungen geben könnte?

3 Fragt Menschen aus eurer Umgebung, was sie über »Gerechtigkeit« wissen und was sie für »gerecht« halten.

4 Erinnere dich: Warst du schon einmal ungerecht zu jemandem oder war jemand ungerecht zu dir? Schildere diese Situationen – beschreibe auch deine Gefühle und wie du dich verhalten hast.

Wir sind nicht alle gleich

Die Klasse 6 einer Schule
in Blankenfelde (2004):
Wovon hängen Schulerfolge ab?

Falko Ich bin 11 Jahre alt und habe keine Geschwister. Meine Mutter ist Lehrerin für Deutsch und Geschichte; seit einiger Zeit wohnt ihr Freund bei uns. In meiner Freizeit lese ich am liebsten oder spiele am Computer. Die Schule macht mir großen Spaß; ich lerne gern. Im Sportunterricht habe ich leider Probleme. Manchmal lachen mich die anderen aus und die Noten in Sport sind auch nicht besonders.

Fatima Ich bin mit meinen Eltern erst seit fünf Jahren in Deutschland. Wir kommen aus der Türkei. Meine Mutter arbeitet in einer Fabrik, mein Vater ist arbeitslos. Leider haben meine Eltern wenig Zeit für mich und meine kleine Schwester. Ich helfe schon viel im Haushalt und habe deshalb nicht immer Zeit zum Lernen und für mein Hobby, das Klavierspielen. In der Schule gebe ich mir große Mühe, aber meine Noten sind nicht so gut. Mein Lieblingsfach ist Musik.

Martin Wir sind vier Kinder zu Hause. Meine Mutter ist Hausfrau und mein Vater arbeitet als Dachdecker. Bei uns ist immer etwas los. Unser Hund hält alle auf Trapp. Mit ihm verbringen wir viel Freizeit. Mein Zwillingsbruder und ich trainieren zweimal in der Woche im Leichtathletikverein, am Wochenende bestreiten wir oft Wettkämpfe. Meine Lieblingsfächer sind Sport und Mathematik. Leider habe ich ziemlich schlechte Noten in den Fremdsprachen.

Jana Die meiste Zeit verbringe ich mit Pferden. Seit der ersten Klasse habe ich Reitunterricht und bald sogar ein eigenes Pferd. Ich habe sogar schon Turniere gewonnen. Mein Vater ist Arzt und meine Mutter arbeitet einige Stunden als Sekretärin. Wenn ich nicht auf dem Reiterhof bin, telefoniere ich mit meinen Freundinnen. Meine Eltern wollen unbedingt, dass ich einmal studiere. Ich weiß nicht so richtig, denn eigentlich macht mir das Lernen nicht so viel Spaß.

Schülerinnen und Schüler

… in Kenia

Seite 170

Andere lernen anders als ich, Seiten 36/37

… in Australien

Fachübergreifend (Geografie):
Schulkinder in anderen Ländern

Keine Schule ist wie die andere. Ob in Europa oder weltweit – die Unterschiede sind groß. Zudem haben viele Kinder kaum eine Chance, überhaupt jemals eine Schule zu besuchen – zum Beispiel in Afrika. Es gibt aber auch Länder wie Finnland und Kanada, in denen Kinder besonders viel lernen. Versucht, in eurer Schulbibliothek und im Internet mehr über Schulkinder in anderen Ländern zu erfahren:

• Gehen die Kinder anderer Länder auch so kurz oder lange in die Grundschule wie du? Welche Fächer werden dort angeboten? Wie alt sind die Kinder, wenn sie die Schule verlassen?

• Wie sind die äußeren Bedingungen? Wie groß sind die Klassen und die Anzahl der Fachräume? Wie ist die Ausstattung der Klassenzimmer? Müssen die Eltern Schulgeld bezahlen?

Stellt eure Ergebnisse vor und sprecht darüber, ob alle Kinder gleich gut lernen können – und warum (nicht): Ist das gerecht?

1 Welche Gemeinsamkeiten und Unterschiede erfahren wir über Falko, Fatima, Martin und Jana?

2 Diskutiert, ob alle Kinder gleich gut lernen können? Überlegt dabei, wovon erfolgreiches Lernen abhängig sein kann.

3 Würde sich etwas ändern, wenn auch an unserer Schule alle Kinder Schuluniformen tragen würden?

4 Im Fach Sport werden alle Schülerinnen und Schüler nach den gleichen Maßstäben bewertet – zum Beispiel im Weitsprung: Ist das »gerecht«? Versucht Argumente dafür und dagegen zu finden. Diskutiert, ob eure Argumente auch für andere Fächer gelten.

5 UNICEF ist eine weltweite Organisation, die sich für die Rechte der Kinder in aller Welt einsetzt. Holt Informationen über UNICEF ein: Um welche Kinderrechte kümmern sich ihre Mitarbeiter besonders? Was haben sie schon erreicht? Wie könnt ihr diese Organisation unterstützen?

Schülerinnen und Schüler lernen in unterschiedlich großen Schulen und Klassen. Nicht alle besuchen die Schule so lange wie du und haben so viele Unterrichtsstunden in der Woche. Kinder lernen verschieden gut und haben unterschiedliche Bildungschancen – dennoch möchten die meisten möglichst viel lernen, um sich im späteren Leben einige Wünsche und Träume erfüllen zu können. Bei uns hat jeder ein Recht auf Bildung und auch die Pflicht zur Schule zu gehen. Andere Kinder beneiden euch darum – warum wohl?

Verteilen – aber wie?

Gerechte Verteilung?

Was wäre wenn alle Kinder vom Staat Taschengeld bekämen – gleich viel, ohne Ausnahme?

… dann wäre das sehr gerecht, denn dann könnten sich alle Kinder gleich viel Eis und Schlecker und Kaugummis und Micki-Maus-Hefte kaufen.

… aber dann würden manche Kinder von ihren Eltern noch etwas dazu kriegen und manche nicht, und dann wäre wieder alles ungerecht!

… dann müsste man eben ein Gesetz machen, welches verbietet, dass die Eltern etwas drauflegen. Eltern rücken ohnehin nicht gern Geld raus. Wenn's verboten wäre, würden sie sich garantiert daran halten.

… aber manche Kinder sind sparsam und manche nicht. Die einen würden es ins Sparschwein stecken und nach ein paar Monaten wären diese Kinder – im Vergleich zu den anderen – wieder reich!

… dann müsste eben noch ein Gesetz gemacht werden! Eines, das bestimmt, dass alles Geld am letzten Tage des Jahres seinen Wert* verliert. Dann wären am ersten Tage des neuen Jahres alle fetten Sparschweine keinen löchrigen Heller wert.

… und sogar meine geizige Schwester würde in der letzten Woche des Jahres nicht mehr geizig sein.

… und gar nicht so empört greinen, dass ich ihr endlich die geborgten zehn Pfennig zurückgeben soll!

Christine Nöstlinger & Jutta Bauer

Seiten 14 und 111 ◀ **1** Zwei Gedankenexperimente: Was wäre, wenn alle …
Methoden: Eine Fantasiereise und … Kinder abends um die gleiche Uhrzeit ins Bett gehen müssten?
Mit Gedanken experimentieren* … Schülerinnen und Schüler die gleichen Noten bekämen?

2 Ihr könnt im Unterricht eine Gedankenkette bilden, indem jeder eine mögliche Antwort hinzu fügt. Keine Antwort darf wiederholt werden. Wer doch eine Antwort wiederholt oder keine neue Antwort mehr weiß, muss ein Pfand abgeben.

Gerechter Lohn?

Lena, Max, Swetlana, Anna und Christian überlegen, was sie in den Ferien unternehmen können. Anna hat eine Idee: »Wir verkaufen unsere Spielsachen, Bilderbücher, Kinderkassetten, Comics und ausgewachsene Kleidung auf dem Flohmarkt.« – Alle sind begeistert, beginnen zu planen und die Aufgaben zu verteilen.
Endlich ist es so weit: Der Flohmarktstand ist aufgebaut und hübsch dekoriert. Viele Käufer kommen. Am Nachmittag sind fast alle Sachen verkauft. Die Fünf sind müde, aber glücklich über den unerwarteten Erfolg: 85 € haben sie eingenommen. Doch dann streiten sich die Kinder – sie haben vergessen zu vereinbaren, wie das verdiente Geld gerecht unter ihnen aufgeteilt werden soll. Bevor der Streit sich ausweitet, schlägt Max vor: »Jeder sagt, welche Aufgaben er übernommen und welche Waren er beigesteuert hat. Danach teilen wir den Erlös gerecht auf.«

Anna Ich hatte die Idee mit dem Flohmarkt und genaue Vorstellungen, was wir verkaufen können und welche Vorbereitungen wir treffen müssen.

Lena Ohne unseren Tapeziertisch hätten wir die Waren nicht auslegen können. Außerdem habe ich so schöne Kleidung mitgebracht, dass wir damit allein schon 25 € eingenommen haben.

Swetlana Ich habe mich von meinen Lieblingskassetten und Comics getrennt, die auch im Gegensatz zu Christians Spielen alle verkauft worden sind. Außerdem habe ich vier Stunden am Stand gestanden und verkauft.

Christian Ohne die von mir geschriebenen Preisschilder wäre das Chaos ausgebrochen. Und ich habe sogar fünf Stunden am Stand gestanden und verkauft.

Max Ich habe den ganzen Tag, also sechs Stunden, am Stand gestanden und verkauft. Außerdem habe ich mich schweren Herzens von meiner Lego-Eisenbahn und meinen Bilderbüchern getrennt, damit wir viel Geld bekommen, was ja auch geklappt hat.

Könnt Ihr den fünf Kindern helfen, die 85 € gerecht aufzuteilen?

1. Überlegt und diskutiert, was alles bei einer gerechten Verteilung berücksichtigt werden muss.

2. Versucht mithilfe der von euch gefundenen Merkmale, einen Vorschlag auszuarbeiten, wie der Erlös gerecht aufgeteilt werden kann.

3. Schreibt den Kindern, die ihre Sachen auf dem Flohmarkt verkauft haben, einen Brief, in dem ihr ihnen euren Vorschlag erläutert.

> Gerecht zu teilen scheint die einfachste Sache der Welt zu sein. Viele denken: Wenn jeder das Gleiche bekommt, ist das gerecht.
> Aber so einfach ist es nicht. Deshalb haben sich auch Philosophen* darüber Gedanken gemacht – über eine gerechte Verteilung von Dingen.
> Einige zum Beispiel meinen, es sei gerecht, wenn jeder so viel bekommt, wie er wirklich benötigt; andere sind dafür, dass jeder so viel bekommt, wie er verdient.

Neuntes Kapitel | Verteilen – aber wie?

Gerechte Entscheidung?

Wer sich falsch verhält, soll bestraft werden – das gilt in der Regel als »gerecht«. Auch Lisa und Philipp haben ein Unrecht begangen – aber sollen sie auch bestraft werden?

Lisa: Freundschaft oder Gerechtigkeit?

In der sechsten Klasse wird eine Englischarbeit geschrieben. Neben Paula sitzt Lisa, die von Paula abschreibt. Das beobachtet Jakob, der mit Lisa befreundet ist. Beim Abschreiben verbessert Lisa in ihrer Arbeit die Leichtsinnsfehler, die Paula gemacht hat, so dass der Lehrer glaubt, Paula habe gepfuscht. – Paula wird verdächtigt, abgeschrieben zu haben und bekommt eine Sechs, Lisa aber eine Eins. Am Nachmittag zu Hause denkt Jakob darüber nach, was er tun soll.

1 Versucht herauszufinden, worin der Konflikt für Jakob besteht.

2 Überlegt die Handlungsmöglichkeiten, die Jakob hat, wenn er sich moralisch* richtig verhalten will. Bedenkt auch, welche Folgen Jakobs Verhalten für Lisa und Paula hätte.

3 Entscheidet euch in einer Abstimmung für die Handlung, die ihr für moralisch richtig haltet: Begründet eure Entscheidung.

4 Diskutiert eure Begründungen und die eurer Mitschüler/innen. Sucht nach Begründungen, mit denen ihr diejenigen überzeugen könnt, die sich anders als ihr entschieden haben.

5 Stimmt erneut über die Frage ab, wie sich Jakob entscheiden soll, wenn ihr alle Begründungen kennen gelernt habt.

6 Vielleicht haben sich einige durch die Begründungen der anderen oder durch eigenes Nachdenken nun anders entschieden: Was hat euch veranlasst, eure Entscheidung zu verändern?

Methode: Werte* klären in Konfliktsituationen
Oft gerätst du in eine »Zwickmühle«. Dann musst du dich zwischen zwei oder mehreren moralisch* richtigen Handlungen entscheiden, die einander widersprechen, weil ihnen unterschiedliche Werte zugrunde liegen: Entscheidest du dich zum Beispiel für die Gerechtigkeit, verstößt du gegen die Freundschaft oder gegen die Liebe – du befindest dich in einem inneren Konflikt.
Im Ethikunterricht können auch erfundene Konflikte dir helfen herauszufinden, was für dich zählt.

7 Schreibe selbst eine Geschichte über jemanden, der in der Schule in einen ähnlichen Konflikt wie Jakob gerät.

Philipps Vater: gerecht oder liebend? Ein Sohn erzählt

Als mein jüngerer Bruder Philipp 18 Jahre alt war, hatte er genug von der Familie und dem Arbeiten auf dem Bauernhof. Er wollte in die Welt reisen, einfach so leben können, wie es ihm gefiel. Er bat unseren Vater, ihm sein Erbteil auszuzahlen. Nach einigen schlaflosen Nächten erfüllte unser Vater seinen Wunsch. Philipp reiste ab.

In den ersten Wochen und Monaten meldete sich Philipp hin und wieder. Er erzählte begeistert über alles, was er gesehen und erlebt hatte. Aber dann hörten wir nichts mehr von ihm. Wir machten uns Sorgen.

Viele Jahre vergingen. Eines Abends saß unser Vater nach der Arbeit vor dem Haus und blickte über die Felder. Plötzlich sah er, wie sich jemand abgemagert und in zerlumpter Kleidung den Weg zum Hof heraufschleppte. Er erkannte Philipp. Er sprang auf, lief ihm entgegen und umarmte ihn. Philipp war überrascht. Er hatte mit schweren Vorwürfen gerechnet und sich lange überlegt, ob er überhaupt nach Hause zurückkehren konnte. Nachdem er das Geld mit Alkohol, Drogen und in Spielhallen durchgebracht hatte, ging es ihm so schlecht, dass er hoffte, wenigstens während der Ernte auf dem Hof als Erntehelfer arbeiten zu dürfen. – Und nun dieser Empfang!

Als ich das sah, überkam mich die blanke Wut. Und als ich auch noch erfuhr, dass unser Vater Philipp zu Ehren ein großes Fest mit Verwandten und Freunden feiern wollte, war ich außer mir: Wenn ich, der ich die ganzen Jahre auf dem Hof gearbeitet und keinen Ärger gemacht hatte, mit meinen Freunden eine Party feiern wollte, hatten die Eltern immer etwas dagegen.

Unser Vater bemerkte, dass ich wütend war und ihm Vorwürfe machen wollte. Da sagte er: »Carl, du hast all die Jahre bei uns gelebt, dir hat nichts gefehlt. Nun freue dich mit uns, dass Philipp, um den wir uns große Sorgen gemacht hatten, wieder bei uns ist.«

1 Findet heraus, worin der innere Konflikt für den Vater besteht.

Seite 69 ◀
Methode: Rollenspiel

2 Schreibt einen neuen Schluss der Geschichte, in dem der Vater sich für die andere moralisch richtige Handlung entscheidet. Ihr könnt die Geschichte mit dem neuen Schluss auch als Rollenspiel aufführen.

3 Diskutiert die Entscheidung des Vaters: Sucht nach Begründungen, die für oder gegen seine Entscheidung sprechen. Überlegt auch, wie es wäre, wenn sich alle Eltern wie der Vater in der Geschichte verhalten würden.

Seite 86 ◀
4 Vielleicht habt ihr schon mal eine Geschichte gehört oder gelesen, die mit der Geschichte von Philipp und Carl Ähnlichkeit hat.

> Kinder und Erwachsene geraten in moralische* Konfliktsituationen, in denen sie eine gerechte Lösung finden müssen. Das ist oft schwierig, muss man sich doch immer gegen einen Wert* zugunsten eines anderen Wertes entscheiden: vielleicht gegen die Gerechtigkeit und für die Freundschaft oder gegen die Strafe und für die Liebe.

Konflikte gewaltfrei lösen

Ein Streit in der Klasse

Die große Pause ist zu Ende. Die Klasse 6a geht zurück in den Klassenraum; doch es ist unruhig. Einige Kinder streiten heftig und beginnen sich zu prügeln. Frau Müller möchte helfen, den Streit zu beenden. Dazu muss sie erst einmal wissen, was los ist.

Jana berichtet: »Als wir drei etwas später kamen, haben uns die anderen nicht mehr mitspielen lassen.« Sofort setzt Viola zur Verteidigung an: »Wir haben gerade die Mannschaften eingeteilt und das Spiel angefangen – da kommt ihr und bringt wieder alles durcheinander. So kommen wir ja nie zum Spielen.« – »Aber wir können doch nichts dafür, Herr Faber wollte uns noch sprechen«, entgegnet Annika. »Wir wollen auch mit euch spielen und nicht ausgeschlossen sein. Zu dritt macht es doch keinen Spaß.«

Wenn alle Recht haben …

Die vorgetragenen Standpunkte leuchten ein, doch der Konflikt bleibt ungelöst – Vorschläge sind gefragt. Frau Müller fragt: »Wie können wir den Streit schlichten?«

Jan   Wir sollten mit dem Spielen warten, bis alle Kinder angekommen sind.

Julia   Ich möchte am liebsten die Klasse teilen; diejenigen, die später kommen, sollen allein spielen.

Marie   Wir sollten uns ein anderes Spiel ausdenken – ohne Mannschaften. Ich will noch heute unseren Sportlehrer fragen, ob er uns nicht einige Spiele beibringen kann.

Wenn aus dem Spiel Ernst wird …

▶ Was ist ein Konflikt?

Wenn Menschen mit unterschiedlichen Absichten, Erwartungen, Interessen und Einstellungen zusammenstoßen, beginnen sie zu streiten. Dauert der Streit an, handelt es sich um einen »Konflikt«. Überlegt, auf welche Weise man die folgenden Konflikte lösen kann:

Fatima wird ständig von Max gehänselt, da sie seit einer Woche ein Kopftuch trägt.

Jan ist beim Staffelspiel zum Sportfest zu langsam gelaufen. Einige sind der Meinung, dass er die Schuld am Verlieren der Klasse trägt.

Viola hat im Vorbeigehen aus Versehen die Bücher von Annika heruntergeworfen. Annika ist stinksauer und schreit Viola an.

Schüler helfen Schülern – ein Interview

Auf dem Nachhauseweg wird Julia auf eine Plakatwand aufmerksam. Auf einem großen Poster stellt sich die »OK-Gruppe« vor – eine Schülergruppe, die helfen will, Konflikte untereinander zu schlichten. »Wie soll das denn gehen – ohne Lehrer?« Doch Julia ist neugierig geworden und überredet Viola, gemeinsam einen Vertreter der Gruppe zu befragen.

Julia Warum habt ihr diese Gruppe an unserer Schule gegründet?
Hannes Wir wissen, dass es oft Streit in den Klassen gibt. Deshalb wollen wir den Schülerinnen und Schülern helfen, Konflikte ohne Gewalt und Hass zu lösen.
Viola Aber das machen doch unsere Lehrer.
Hannes Ja, aber wir sind davon überzeugt, dass Schüler ihren Mitschülern wirkungsvoller helfen können. Wir können uns besser in die Lage unserer Mitschüler versetzen und haben keine »Erziehungsaufgaben« im Kopf – wir wollen nur bei der Lösung eurer Probleme helfen.
Julia Ja, könnt ihr denn das einfach so?
Hannes Nein, einfach so geht das natürlich nicht. Wir sind zuvor als »Streitschlichter« ausgebildet worden: Dort haben wir eine Menge über Ursachen und Verlauf von Konflikten gelernt. Wir haben auch geübt, Gespräche zur Konfliktlösung zu führen.
Viola Und das alles ohne Lehrer?
Hannes Na ja, wir haben zwei Lehrer die uns helfen, wenn es Probleme gibt. Sie haben eine ähnliche Ausbildung erhalten. Diese Lehrer wollen jedoch keine Konflikte selbst schlichten – sie sind der Meinung, dass wir das untereinander viel besser können.
Julia Kann man bei Problemen einfach zu euch kommen?
Hannes Na klar! Auf unserem Plakat findet ihr die Sprechzeiten.

Was tun?

Seite 176 ◀ **1** Macht Vorschläge, wie die Klasse von Jan, Julia und Marie ihren Streit beheben kann: Findet heraus und begründet, welcher Vorschlag besonders geeignet ist.

2 Tauscht eure Erfahrungen aus, wie man am besten an die Lösung eines Konflikts herangehen sollte.

3 Was kann passieren, wenn du versuchst, einen Streit allein zu lösen?

4 Hannes erläutert, warum seine Gruppe einen Streit unter Schülern besser schlichten kann als die Lehrkräfte: Fasse die Gründe zusammen und finde weitere.

5 Überlegt, wann Schüler/innen lieber einen Streitschlichter aufsuchen sollten als zu versuchen, ihren Konflikt selbst zu lösen.

> →◀ Ein Konflikt kann Streit und Gewalt fördern; er kann aber auch eine gute Möglichkeit bieten, sich näher kennen zu lernen – vorausgesetzt, die Beteiligten sind bereit, einander zuzuhören. So kann der Konflikt eine Chance sein, das Zusammenleben mit anderen ohne Gewalt zu gestalten. Wege zu einer gewaltfreien Konfliktlösung könnt ihr gemeinsam herausfinden und nutzen.

Neuntes Kapitel | Konflikte gewaltfrei lösen

Gerecht und gewaltfrei leben lernen

»Aus meinem Leben« – ein Gerechtigkeitsspiel mit Sophie

Und so könnt ihr loslegen:

1. Setzt euch in Gruppen zu viert zusammen: Ihr braucht ein Schulbuch mit dieser Seite, einen Würfel, ein Blatt Papier und verschiedenfarbige Spielfiguren.

2. Es stehen euch leere und beschriebene Felder zur Verfügung: Wer zuerst eine Sechs würfelt, beginnt und darf noch einmal würfeln. Kommst du auf ein beschriebenes Ereignisfeld, liest du den Text vor und machst einen gerechten und gewaltfreien Lösungsvorschlag. – Sind mindestens zwei aus eurer Gruppe damit einverstanden, bekommst du einen Punkt. War dein Vorschlag ungerecht und mit Gewalt verbunden, bekommst du einen Minuspunkt.

3. Nach einer halben Stunde zählt ihr eure Punkte zusammen. Die Gruppensieger spielen noch einmal gegeneinander. Die Übrigen entscheiden nach einer Diskussion, wer die besten Lösungen gefunden hat.

1 Die Mutter verbietet der 12-jährigen Sophie, so lange fernzusehen wie es ihr 15-jähriger Bruder darf.

2 Als Sophie 12 geworden ist, bekommt sie 15 € Taschengeld; ihre gleichaltrige Freundin erhält 20 €.

3 Im Sportunterricht erhält Sophie eine Fünf, obwohl sie die geforderten 400 Meter durchgelaufen ist.

5 Sophie hat einen 20-Euroschein gefunden. Der Verlierer findet sich nicht in ihrer Klasse – daraufhin steckt sie den Schein ein.

4 Sophie ist mit Marie verabredet. Als Marie absagt, geht Sophie mit ihrem Bruder in ein Eiscafé – dort sitzt Marie mit Michael.

7 Sophies Klasse hat bei einem Lesewettbewerb als Preis eine Kiste mit 25 Kinderbüchern gewonnen. Die Klasse besteht aus 20 Schülerinnen und Schülern.

6 Sophie beobachtet, wie Martin heimlich eine CD einsteckt, die Jan gerade aus der Tasche gefallen ist. Sie schwärmt seit einiger Zeit für Martin.

Eine gerechte und gewaltfreie Schule?

Die Hundertwasserschule in Wittenberg: In die Gestaltung dieser Schule sind die Ideen von Kindern eingeflossen.
Wie sollte eine Schule sein, in der ihr euch wohl fühlen könntet – nicht nur, weil sie von außen wie ein Traumschloss aussieht?

Projekt: Traumschule

Denkt nach, macht mit und sammelt Ideen für eine Traumschule – gerecht und gewaltfrei.
Kritik: Was gefällt euch an eurer Schule nicht? Wo findet ihr Gewalt und Ungerechtigkeit?
Fantasie: Wie könnte eure Traumschule aussehen? Wie müssten sich Lehrer/innen und Schüler/innen verhalten?
Umsetzung I: Prüft eure Ideen und entscheidet, welche ihr tatsächlich umsetzen könnt.
Planung: Überlegt, was ihr tun könnt, um aus eurer Schule eine gerechte und gewaltfreie »Traumschule« zu machen.
Umsetzung II: Stellt eure Vorschläge anderen Schülergruppen oder der Schülervertretung vor.

ERICH KÄSTNER: Das fliegende Klassenzimmer.
Ein Roman für Kinder (1933),
Hamburg: Cecilie Dressler Verlag 1998

Minilexikon und Adressen

Aristoteles war ein berühmter griechischer Philosoph* und Naturforscher, dessen Gedanken bis heute nachwirken. Zum Beispiel meinte er: Gut für das Zusammenleben der Menschen ist der »goldene Mittelweg«. ARISTOTELES lebte von 384 bis 322 v. Chr.

Bergpredigt In der Bergpredigt werden wichtige Lebensregeln des Christentums zusammengefasst – ihre kurzen und einprägsamen Sätze gehen auf JESUS VON NAZARETH zurück. Du findest die Bergpredigt im Matthäusevangelium (Kapitel 5–7).

Bibel Siehe unter »Hebräische Bibel«.

Demokratie bedeutet wörtlich »Herrschaft des Volkes«. Der griechische Begriff wird überall verwandt, wo Menschen über ihre Angelegenheiten selbst mitbestimmen können oder wollen: in Politik und Gesellschaft, aber auch in Schule und Familie.

Embryo So genannte »Leibesfrucht«: ein noch in der Entwicklung befindlicher winziger Mensch – bis etwa zur achten Woche nach der Empfängnis.

Ethik (auch: ethisch) befasst sich mit dem kritischem Nachdenken über die Gewohnheiten der Menschen, ihre Sitten (Moral*): Die Ethik fragt nach dem Warum und Wozu des Tuns: Wie gehen Menschen miteinander und mit der Natur um – freundlich oder feindlich, gut oder böse? Inwiefern sind Menschen frei, um wählen und entscheiden zu können? Sind Menschen für ihr Handeln verantwortlich?

Experimentieren (auch: Experiment) Wissenschaftlich versuchen, über eine Sache etwas probeweise herauszufinden.

Fötus Etwa 50 Tage nach ihrer Empfängnis gerät die so genannte »Leibesfrucht« (Embryo*) in ein neues Entwicklungsstadium: Alle Teile (Organe) sind angelegt und auf Wachstum und Verfeinerung ausgerichtet. – aus dem Embryo wird ein Fötus.

Gewissen Die »innere Stimme«, die hilft, zwischen gut und böse, recht und unrecht zu unterscheiden. Das Gewissen wird im Laufe eines ganzen Lebens geprägt und gehört zu den Besonderheiten des Menschen.

Gleichnis Eine kurze Beispielerzählung: Durch einen »Vergleich« wird eine Sache erklärt, die ansonsten nur schwer zu verstehen ist.

Hebräer bedeutet »Wanderer« und ist zunächst ein Beiname Abrahams gewesen. Die Nachkommen ABRAHAMS nannten sich dann selber so. Erst nach der Befreiung aus der ägyptischen Sklaverei schlossen sich verschiedene Gruppen von Hebräern als »Israeliten« zusammen.

Hebräische Bibel Eine Sammlung der ältesten Überlieferungen des Judentums, die ursprünglich in hebräischer Sprache verfasst worden ist und mit der Torah* beginnt. Die Christen nennen dieses Buch mit seinen unterschiedlichen Schriften »Altes« oder »Erstes Testament«.

Klischee (siehe auch: Stereotyp) Eine »eingefahrene« Vorstellung, bei der sich kaum jemand die Mühe macht, sie zu hinterfragen.

Konfession kommt vom lateinischen «confessio«, was so viel wie »Bekenntnis« bedeutet. Als Konfession bezeichnet man zumeist eine Gruppe von Christen, die ein gemeinsames Bekenntnis vertritt und sich daher als kirchliche Gemeinschaft organisieren.

Koran Auf Deutsch heißt Koran »Lesung". MOHAMMED ließ die Texte in der Zeit von 610 bis 632 aufschreiben. Der Koran ist für Muslime das Wort Allahs an die Menschen. Der Koran besteht aus 114 Abschnitten, den Suren. Bis auf eine fangen alle Suren mit den Worten an: »Im Namen Allahs, des Allbarmherzigen«. Für viele Muslime enthält nur die arabische Fassung das Wort Allahs.

Kultur begann mit dem Auftreten des Menschen. Es bezeichnet alles, was Menschen einer Region oder eines Volkes miteinander planen, gestalten oder erbauen: angefangen mit der Befriedigung von Grundbedürfnissen (zum Beispiel Nahrung, Kleidung) bis hin zu geistigen Fertigkeiten und Aktivitäten (zum Beispiel Sprache, Literatur, Kunst, Ethik, Religion, Musik, Wissenschaft). Menschen, die dem selben Kulturkreis angehören, haben ein gemeinsames »Wissen« darüber, wie man sich »üblicherweise« verhalten sollte und was als wichtig zu gelten hat.

Materie 1. Ur-Stoff oder Ur-Substanz in noch ungeformtem Zustand; 2. weitergehend alles Stoffliche um uns herum einschließlich des Menschen.

Messias Hebräisch: »der Gesalbte«. Im alten Israel wurden Könige mit Öl gesalbt, um zu bekräftigen, dass Gott sie »berufen« habe. Religiöse Juden warten auf einen Gesandten Gottes, den Messias, der die Menschen erlösen werde. Christen glauben, dass dieser Messias (griechisch: »Christus«) Jesus von Nazareth sei.

Migranten Menschen, die ihre Heimat zumeist für immer verlassen – manchmal auf der Flucht vor Verfolgern, fast immer auf der Suche nach Arbeit und nach einer neuen Heimat.

Moral (auch: moralisch) betrifft jeden Menschen: Wer nach Grundsätzen, Regeln und Haltungen lebt, die in einer Gemeinschaft allgemein anerkannt sind, empfindet und handelt »moralisch«. Einige solcher Überzeugungen und Gewohnheiten können sich im Laufe der Zeit verändern (Ethik*).

Normen sind Vorschriften und Regeln, die in einer menschlichen Gemeinschaft als gültig, richtig und gut angesehen werden.

Perspektive Eine Sicht- oder Betrachtungsweise, die einem bestimmten Standpunkt oder Blickwinkel folgt.

Philosoph (auch: Philosophie; philosophieren) In diesen griechischen Wörter stecken zwei Wörter: »Freund« (philos) und »Weisheit« (sophia). Ein Philosoph ist demnach ein »Freund der Weisheit«. Wer philosophiert, sucht Antworten auf große Rätsel, zum Beispiel: *Woher kommen wir? Warum sind wir? Wohin gehen wir?* Das alles ist schwer, vielleicht gar nicht zu beantworten. Aber es ist typisch philosophisch, solche und ähnliche Fragen immer wieder neu zu bedenken – mit Vernunft und Fantasie. So gesehen bist du, wenn du besonders gründlich über dich und die Welt nachdenkst, ein Philosoph.

Prophet Griechisch »Sprecher«: Damit werden Menschen bezeichnet, die sich in besonderem Maße von ihrem Gott berufen fühlen. Häufig gelten sie zu ihren Lebzeiten als unbequem, denn sie kümmern sich um vernachlässigte Probleme. Die Hebräische Bibel* erzählt von Propheten, die in Israel aufgetreten sind. Mohammed ist der Prophet des Islam.

Psalmen Eine Sammlung religiöser Lieder und Gebete, die ab 1000 v. Chr. innerhalb von etwa 500 Jahren entstanden ist. Die Hebräische Bibel* enthält 150 Psalmen: Sie werden in jüdischen (und christlichen) Gottesdiensten noch heute gesungen oder gelesen. Loben und danken, klagen und verzweifeln – all diese Gefühle bringen die Beter/innen vor Gott.

Rabbiner (auch: Rabbi) Experte für religiöse Angelegenheiten in der jüdischen Gemeinde; er ist dort auch als Prediger und Streitschlichter tätig.

Rituale (auch: rituell) Gewohnheiten oder auch Bräuche, die in ihren Formen und Abläufen genau festgelegt sind.

Seele Vorstellung vom Inneren des Menschen, äußerlich unsichtbar.

Sintflut Die Hebräische Bibel* enthält die Erzählung von einer vorzeitlichen Flut, die alles Leben auf der Erde vernichtet hat. Nur Noah und seine Familie sowie ein Paar von jeder Tierart werden gerettet (siehe Seite 114 in diesem Buch). Am Ende schließt Gott mit Noah einen »Bund« – äußeres Zeichen ist der Regenbogen: Gott verspricht, trotz der menschlichen Bosheit nie wieder eine alles vernichtende Flut zu schicken. Ähnliche Fluterzählungen werden weltweit auch in anderen Kulturen* überliefert.

Stereotyp (siehe auch: Klischee) Vereinfachendes Urteil, das immer wieder in gleicher Form vorgebracht wird: Es gibt vor, Klarheit über die eigene Position im Vergleich zu anderen zu schaffen. Daher spiegeln Stereotype oft starre Vorstellungen wider, die wichtige Aspekte ausblenden.

Symbol Ein mehrdeutiges Zeichen (Sinnbild): zum Beispiel die Taube als ein Sinnbild des Friedens. Symbole haben immer einen sichtbaren Anteil (zum Beispiel die »Taube«) und einen unsichtbaren Anteil (zum Beispiel »Frieden«).

Tao(ismus) Eine altchinesische Anschauung, der zufolge Himmel, Erde und Mensch in einer harmonischen Wechselbeziehung zueinander stehen. Ihren Sinn und Urgrund, das »All-Eine«, nennt Laotse »Tao« (Seite 166).

Toleranz ist die Duldsamkeit gegenüber anderen Menschen, auch gegenüber ihren »abweichenden« Meinungen und Lebensformen.

Minilexikon und Adressen

Torah ist das hebräische Wort für »Weisung« oder »Lehre«. Es bezeichnet die ersten fünf Bücher Moses in der Hebräischen Bibel*.

Tsunami Riesige Meereswelle, die durch Veränderungen des Meeresbodens, zum Beispiel bei Seebeben, entsteht und oft verheerende Auswirkungen in den Küstengebieten hat. Häufig zieht sich das Wasser an den Küsten unmittelbar vor Ausbruch des Tsunami weit zurück, um kurz darauf mit um so größerer Wucht zurückzukommen – und alles, was sich ihm entgegenstellt, zu überfluten.

Universum Anderes Wort für »Weltall« oder »Kosmos«.

Vereinte Nationen Ein eher lockerer Zusammenschluss der meisten Staaten dieser Erde, mit Hauptsitz in New York.

Vernunft Alles, was deinen Verstand auszeichnet: Denkvermögen und Klugheit, Auffassungsgabe und Scharfsinn – diese Fähigkeiten sind gute Voraussetzungen, um »vernünftig« handeln zu können.

Vorurteile Eine hartnäckige Einschätzung von Personen oder Personengruppen, die mit der Wirklichkeit nicht oder nicht vollständig übereinstimmen. Vorurteile werden von Menschen benötigt, um sich in der Welt zurecht zu finden. Sie sind also nicht von vornherein »gut« oder »schlecht«, bedürfen aber der ständigen Überprüfung. Menschen bilden ihre Vorurteile von klein auf heraus, indem sie Meinungen der Erwachsenen hören und »Schubladen« bilden, in denen sie andere Menschen und ihre Verhaltensweisen einordnen.

Wert(e)
1. Geld und Güter sind etwas »wert«, wenn sie kostbar und langlebig sind;
2. allgemein anerkannte Leitvorstellungen, die für das Zusammenleben von Menschen wichtig sind: zum Beispiel »Freiheit« und »Gerechtigkeit«.

Zyklus Ein regelmäßig wiederkehrendes Geschehen (Kreislauf).

Adressen

Bündnis für Demokratie und Toleranz – gegen Extremismus und Gewalt
Ein loser Zusammenschluss von Menschen und Gruppen, die über fremdenfeindliche, rassistische und antisemitische Bestrebungen besorgt sind. Sie setzen sich für ein friedliches Zusammenleben ein. Internet:
www.buendnis-toleranz.de

Bund für Umwelt und Naturschutz Deutschland (BUND)
Am Köllnischen Park 1
D-10179 Berlin
Telefon: (030) 27 58 64-0
Fax: (030) 27 58 64-40
E-Mail: bund@bund.net
Internet: http://www.bund.net/

Deutscher Kinderschutzbund
– Bundesverband –
Hinüberstraße 8
30175 Hannover
Telefon: (0511) 3 04 85-0
Telefax: (0511) 3 04 85-49
E-Mail: info@dksb.de
Internet: www.dksb.de

Deutsches Kinderhilfswerk
Leipziger Straße 116–118
10117 Berlin
Telefon: (030) 30 86 93-0
Fax: (030) 279 56 34
E-Mail: dkhw@dkhw.de
Internet: http://www.dkhw.de/

»Milkmoon«
ist Mitglied der »Arbeitsgemeinschaft Vernetzter Kinderseiten« – ein Internet-Portal mit Suchmaschine für Kinder
Internet: www.milkmoon.de

»Nummer gegen Kummer«
Zusammenschluss der Kinder- und Jugendtelefone in Deutschland
Kummertelefon: (0800) 1 11 03 33
Wenn du Probleme hast, kannst du dich montags bis freitags zwischen 15.00 und 19.00 Uhr an die Beratungsstelle wenden. Der Anruf ist kostenlos.

UNICEF Deutschland
– Kinderhilfswerk der Vereinten Nationen –
Höninger Weg 104
50969 Köln
Telefon: (0221) 9 36 50-0
Fax: (0221) 9 36 50-279
E-Mail: mail@unicef.de
Internet: www.unicef.de/

Weitere Informationen findet ihr unter
www.cornelsen.de/abenteuer-mensch-sein

Text- und Bildnachweis

Textnachweis

10/11 Petra Lenz: Marie hat einen Traum. Originalbeitrag.
12–14 Helga Huber/Petra Lenz: Können wir uns auf unsere Sinne verlassen? Reise zu einem fernen Planeten. Originalbeiträge.
16/17 Helga Huber: Keine gemeinsame Sprache, sich aber trotzdem »verstehen«? Originalbeitrag.
16 Turmbau zu Babel (Genesis 11, 1, 3-9). Aus: Die Bibel. Altes und Neues Testament. Einheitsübersetzung. Hrsg. von Günter Stemberger und Mirjam Prager OSB, Stuttgart: Katholische Bibelanstalt 1980 (gekürzt).
18 Petra Lenz: Dürfen Eltern das? Originalbeitrag.
27 Günter Kunert: Ich Du Er Sie Es. Gedichte, Ravensburg: Ravensburger Buchverlag 1988, S. 32.
28 Astrid Maly: Brief an Benni. Originalbeitrag.
29 Nach Daniel Defoe: Robinson Crusoe, Berlin: Volk und Wissen Verlag 1988, S. 59.
30 Arthur Schopenhauer: Die Stachelschweine: Aus: Artur Schopenhauer, Sämtliche Werke, Bd. VI, Wiesbaden: Brockhaus Verlag 1947, S. 15.
30 Aussprüche. Aus: Berühmte Zitate von A bis Z. Erarbeitet von Klaus-Dietrich Petersen, Hamburg: Merit-Verlags GmbH 1989, S. 104 f.
32 Der alte Großvater und sein Enkel. Aus: Kinder- und Hausmärchen. Gesammelt durch die Brüder Grimm. Ausgabe mit 132 Holzschnitten von Ludwig Richter, Erlangen: Karl Müller Verlag o. J., S. 283.
36 Wie wir alles im Kopf behalten. Nach »Fit for fun« (München), Nr. 4/1994, S. 48.

38 Im Kloster. Zusammengestellt nach Almut Löbbecke (Hrsg.): Religionen der Welt: Zwischen Himmel und Erde, Berlin: Cornelsen Verlag Scriptor 2003, S. 84 f.
40 Auf dem Fußballfeld. Aus: Eoin Colfer: Benny und Babe. Aus dem Englischen von Ute Mihr, Weinheim und Basel: Verlag Beltz & Gelberg 2002, S. 13 f und 16–19 (Auszüge).
40 Im Ballett. Aus: Thomas Brinx/Anja Kömmerling: Alles Machos – außer Tim, Stuttgart/Wien: Thienemann Verlag 2003 S. 38 f (Auszüge).
47 Zitat »Goldene Regel«. Aus der Mahnrede des Tobias (Buch Tobit 4, 15).
47 Adolph Freiherr von Knigge: Über den Umgang mit Menschen, Frankfurt/Main: Edition Büchergilde Gutenberg 2002, S. 42, 45, 50 und 75.
48 Zitate »Gesetzestafeln«. Aus dem Kodex Hammurabi, um 1700 v. Chr. (Auszüge). Zitiert nach Wolfgang Horn: Recht, hrsg. von der Bundeszentrale für politische Bildung, Bonn 1991, S. 11.
48 Zitate »Strafgesetzbuch«. Aus dem Strafgesetzbuch der Bundesrepublik Deutschland (Auszüge). In der Fassung der Bekanntmachung vom 13. 11. 1998 (BGBl. I, S. 3322). Zuletzt geändert durch Gesetz vom 24. 3. 2005 (BGBl. I, S. 969) vom 1. 4. 2005.
50 Nach Thomas Klocke und Johannes Thiele: Mit Kindern durch das Kirchenjahr, Augsburg: Bechtermünz-Verlag 1998, S. 162–164.
57 Anna, 6 b (Neumark): »Die Rechte der Kinder – und die Wirklichkeit?« (Kindergedicht) Originalbeitrag.

60 »Wem gehört die Erde?« Nach Esther Bisset und Martin Palmer: Die Regenbogenschlange. Geschichten vom Anfang der Welt und der Kostbarkeit der Erde. Aus dem Englischen übersetzt von Doris Halter und Hedy Wyss, Bern: Zytglogge Verlag 1987 (© World Wildlife Fund 1985), S. 63 (gekürzt und bearbeitet).
64 »Wie ich mir meine Zukunft vorstelle«. Zitat von Stefan Ewald. Aus: Rat für Nachhaltige Entwicklung (Hrsg.): Jugend schreibt Zukunft. Gedanken und Bilder zur Nachhaltigkeit, München: ökom Verlag 2002, S. 25 (gekürzt).
64/65 Andreas Ziemer: Der Mythos von Quetzalcoatl. Originalbeitrag.
66 Nach Hubertus Halbfas: Religionsbuch für das 7. und 8. Schuljahr, Teil 1, Düsseldorf: Patmos Verlag 1990, S. 160.
67 Erich Fried: Kleine Frage. Aus: Lebensschatten, Berlin: Klaus Wagenbach Verlag 1981, S. 92.
68 Joanne K. Rowling: Harry Potter und der Stein der Weisen (Bd. 1), Hamburg: Carlsen Verlag 1998, S. 104 f (Auszüge).
76/77 Schöpfungsbericht (Genesis 1 und 2, 1-4a, Auszüge). Aus: Die Bibel. Altes und Neues Testament (Einheitsübersetzung), hrsg. von Günter Stemberger und Mirjam Prager, Augsburg: Pattloch Verlag 1991 (© Katholische Bibelanstalt, Stuttgart 1980).
78/79 Psalmzitate. Aus: Die Bibel. Altes und Neues Testament (Einheitsübersetzung), a. a. O.
80 Zitat »Marc Gellman« nach Marc Gellman und Thomas Hartman: Wie buchstabiert man Gott? Die großen Fragen und die Antwort der Religionen. Übersetzt von Christa Broermann, Hamburg: Carlsen Verlag 1997, S. 124–126.

Text- und Bildnachweis

81 Interview mit Paul Spiegel. Zitatweise zusammengestellt aus: Paul Spiegel: Was ist koscher? Jüdischer Glaube – jüdisches Leben, München: Ullstein Verlag 2003, S. 17; Paul Spiegel, Wieder zu Hause? Erinnerungen, München: Ullstein Verlag 2003, S. 115, 248, 288, 239, 260, 261.

83 Weihnachtsgeschichte. Aus: Lukas 2, 1-21 (leicht gekürzt). Nach einer Übertragung von Andreas Ziemer.

84 Zitate »Bergpredigt«. Aus: Matthäus 5, 7-9; 7, 12 a; 5, 38 f. Nach einer Übertragung von Andreas Ziemer.

85 »Was heißt Nächstenliebe?« Aus: Lukas 10, 25-36. Nach einer Übertragung von Andreas Ziemer.

90/91 Interview mit Elfriede Begrich: Matthias Hahn (2004).

92/93 »Der Engel Gabriel gibt Mohammed den Koran«. Nach Mohammed Ibn Ishâq: Das Leben des Propheten. Aus dem Arabischen übertragen und bearbeitet von Gernot Rotter, Tübingen und Basel: Horst Erdmann Verlag 1976, S. 43 ff.

94/95 Muslimische Gebete. Aus: Annemarie Schimmel: Dein Wille geschehe. Die schönsten islamischen Gebete, Bonndorf: Gorski und Spohr 1995, 3. Aufl., S. 24 und 42.

96 Koranverse zitiert nach: Der Koran. Übersetzung von Adel Theodor Khoury, Gütersloh: Gütersloher Verlagshaus 1987.

96 Zitat Bildunterschrift. Aus: Symbole des Islam. Text von Malek Chebel, Fotografien von Laziz Hamani. Übersetzung von Herbert Eisenstein, Wien: Verlag Christian Brandstätter 1997, S. 42.

97 Zitate aus der muslimischen Tradition: Aus: Adel Theodor Khoury: Der Koran, a. a. O., S. 553 und 556.

98 Jehan Sadat: Ich bin eine Frau aus Ägypten. Die Autobiographie einer außergewöhnlichen Frau unserer Zeit, München: Heine Verlag 1991, S. 39.

99 Newsletter der Muslimischen Jugend Deutschlands. Freitags-Nasiha Nr. 110/2004 (15. Dschumaada l-Ula 1425), Berlin, 2.7. 2004.

100 Koranverse zitiert nach: Adel Theodor Khoury, a. a. O.

101 Interview mit Hamideh Mohaghegi: Matthias Hahn (2004).

106 Bernhard Koreng: Das »Wasser-Paradies«. Originalbeitrag.

108 Zitat »Bedrich Smetana. Aus: Dreiklang. Lehrbuch für den Musikunterricht an allgemeinbildenden Schulen 5/6, Berlin: Volk und Wissen Verlag 1996, S. 97.

112 Zitat »Pai-Bes«. Aus: Judith Crosher: Das alte Ägypten, Erlangen: Karl Müller Verlag 1992, S. 4.

116 Zitat »Johann Wolfgang Goethe«. Aus: Faust. Zweiter Teil, Frankfurt/Main: Insel Taschenbuch 1975, S. 192.

118 und 125 Momos Rätsel. Aus: Michael Ende: Momo oder Die seltsame Geschichte von den Zeit-Dieben und von dem Kind, das den Menschen die gestohlene Zeit zurückbrachte, Stuttgart und Wien: Thienemanns Verlag 1973, S. 154 (Auszüge).

120 Diana Guthmann: Die Dinge so sehen wie sie sind? Originalbeitrag.

128 »Wem gehört die Erde?« Nach Esther Bisset und Martin Palmer: Die Regenbogenschlange. Geschichten vom Anfang der Welt und der Kostbarkeit der Erde. Aus dem Englischen übersetzt von Doris Halter und Hedy Wyss, Bern: Zytglogge Verlag 1987 (© World Wildlife Fund 1985), S. 33 (gekürzt und bearbeitet).

129 Neues Testament, Offenbarung 21, 1 und 4. Aus: Gute Nachricht Bibel. Revidierte Fassung 1997 (ökumenische Ausgabe), Stuttgart: Deutsche Bibelgesellschaft, 1997, S. 340.

130 Diana Guthmann: Hat die Zeit ein Ende? Originalbeitrag.

132 Ausspruch von Galileo Galilei. Aus: Saggiatore (Prüfer mit der Goldwaage), Florenz 1623.

134 Zitat »Aurelius Augustinus«. Aus: Ders.,»Bekenntnisse«. Mit einer Einleitung von Kurt Flasch. Übersetzt, mit Anmerkungen versehen und hrsg. von Kurt Flasch und Burkhard Mojsisch, Stuttgart: Reclam 1989, S. 314 (gekürzt).

138 Petra Lenz: Es war alles so schön. Originalbeitrag.

140/141 Helga Huber: Das Fremde erkunden – eine Traumreise. Originalbeitrag.

142/143 Gudrun Pausewang: Alptraum. Aus: Silvia Bartholl (Hrsg.), Texte dagegen, Weinheim/Basel: Beltz und Gelberg 1993, S. 118–120 (Auszüge).

144 Hans Christian Andersen: Märchen, Weinheim/ Basel: Beltz und Gelberg 2004, S. 86.

146 Annette Kast-Riedlinger: Hautnah ist noch zu fern, München: Franz Schneekluth Verlag 1988, S. 26.

147 Antoine de Saint-Exupéry: Der kleine Prinz, Düsseldorf: Karl Rauch Verlag 1952, zitiert nach der 51. Auflage, 1997, S. 55 (Auszug).

150 Auszug aus Artikel 3 des Grundgesetzes. Aus: Grundgesetz für die Bundesrepublik Deutschland. Textausgabe (Stand: Dezember 2000). Hrsg. von der Bundeszentrale für politische Bildung, Bonn 2001, S. 13.

151 Interview mit Eva: Aus dem Katalog der Wanderausstellung »Ich bin anders ... als Du denkst«. Down-Syndrom – ein Menschenbild im Wandel, München 1999, o. Seitenangaben (Pasinger Fabrik 99/ Down-Kind e. V., Broderseestraße 69, 81929 München).

151 Antoine de Saint-Exupéry: Der kleine Prinz, a. a. O., S. 55 (Auszug).

156 Dümmling. Aus: Die wahren Märchen der Brüder Grimm. Hrsg. von Heinz Rölleke, Frankfurt/Main: Fischer Taschenbuch Verlag 1991 (1989), S. 33.

157 »Bastian haut rein«. Aus: Geolino 1/2003 (Hamburg), S. 11.

158 Manfred Berg: Ein »Wechselbad«. Originalbeitrag.

160/161 Manfred Berg: Freistunde. Originalbeitrag (Namen aus der Produktwerbung verfremdet).

161 Epikur. Philosophie der Freude. Über die irdische Glückseligkeit. Die Hauptlehrsätze, Spruchsammlungen und Briefe Epikurs, Frankfurt/Main: Insel Taschenbuch 1999, S. 116 und 106 (leicht bearbeitet).

162 Ursula Wilke: Wer Unglück hat, braucht Hilfe. Originalbeitrag.

162 Simon Dach: Lied der Freundschaft. Aus: Deutsches Gedichtbuch. Lyrik aus acht Jahrhunderten, Berlin und Weimar: Aufbau-Verlag 1977, S. 81 (gekürzt).

164 Manfred Berg: Geburtstagsgespräch. Originalbeitrag.

166 Die Weisheit des Lao Tse. Hrsg. von Lin Yutang, Frankfurt/Main: Fischer Taschenbuch Verlag 1986, S. 58 f (leicht bearbeitet und gekürzt).

172 Christine Nöstlinger & Jutta Bauer: Ein und Alles, Weinheim/Basel: Beltz Verlag 2002 o. S. (31.10.).

175 Helga Ludwig-Steup: Ein Sohn erzählt (aktualisierte Nacherzählung nach Lukas 15, 11-32). Originalbeitrag.

Bildnachweis

Titel Maze at Burghley Sculpture, Peter Randall-Page; Photodisc Rot, Tim Jones

8 akg-images
10 plainpicture
11 akg-images
13 Ingo Wagner/dpa-Bildfunk
16 Artothek
18 Laif/Hah
23 Hera: akg-images; Zeus: akg-images/ John Hios
25 Matoff/argus
26/27 Volker Döring, Hohen Neuendorf
28 Zeichnung: Hans Mau; Hintergrund: archivberlin/H. W. Hesselmann
30 li.: Wolfgang Weinhäupl/OKAPIA; re.: dpa-Fotoreport
32 dpa-Bildarchiv
34 http://mein-Kummerkasten.de
39 li.: ZB-Fotoreport; Mi.: ZB-Fotoreport; re.: dpa-Bildarchiv
40 Elizabeth Roberts, Berlin
42 Tobias Schneider, Berlin
43 www.relivision.com (1); Tobias Schneider (5), Berlin
44 li.: Heinrich Hoffmann; re.: bew/mediacolors
45 Elizabeth Roberts, Berlin
46 u.: Gerhard Medoch, Berlin
48 akg-images/Erich Lessing
49 li.: Astrid Maly, Leipzig; Mi.: dpa-Bildarchiv; re.: ullstein-Wodicka
52 li. o.: ullstein-Zuckschwerdt; li. u.: ullstein-Seifert; re. o.: ullstein-JOKER/Petersen; re. Mi.: ullstein-ullstein bild; re. u.: ullstein-phalanx Fotoagentur
53 Tobias Schneider
58/59 Hintergrund: Norbert Vogt/www.viajar.de; o. li.: akg-images; u. li.: Tobias Schneider
60 Ernst Voller/Juliette Krause
61 dpa-Report

Text- und Bildnachweis

62 The British Museum, London
63 akg-images
65 li.: dpa-Bildarchiv; Mi.: Avenue Images/Bios; re.: Gerhard Medoch
67 Gerhard Medoch
70 Elizabeth Roberts (2); Tobias Schneider (1)
73 Bildarchiv der Österreichischen Nationalbibliothek, Wien
76 © Dan Rubinstein, Die Schöpfung
78 Fleischer, Elan/Lork GmbH
79 © Marguerite Marcus, Berlin
80 o.: © Margrit Schmidt, Berlin; u. und **81** ullstein (mit freundlicher Erlaubnis von Paul Spiegel)
82 o.: bpk Berlin
84 © Michael Füsgen, Ratingen
85 dpa-Bildarchiv
87 und **88** Artothek
89 o.: argus/Weber; u.: U. Grabowsky/photothek
90 Hildburg Jaeschke, Tübingen
91 © Elfriede Begrich, Erfurt
93 li. o.: akg-images; re. o.: Topkapi Palace Museum, Istanbul
94 picture-alliance/Godong
95 picture-alliance/dpa
97 KNA-Bild
98 Gerhard Medoch
99 www.mj-net.de
100 © Hamideh Mohaghegi, Hannover
101 Gerhard Medoch
102/103 Elizabeth Roberts
104/105 Hintergrund Helga Lade; Detail »Wasserhahn«: Elizabeth Roberts; Detail »Erdkugel«: Bildagentur-online
106 li.: Lennart Nilsson; re.: dpa-Fotoreport
107 bpk Berlin
108 dpa-Bildarchiv
109 o.: mauritius/age fotostock; Mi. und u.: D. Harms/WILDLIFE
110 o.: akg-images; u.: Caro/Hechtenberg
111 Thomas Einberger/argum **112** o.: picture-alliance/KPA/Schwind; u.: dpa Bilderdienste
113 li.: dpa-Fotoreport; re.: ZB-Fotoreport
114 Artothek
115 o.: dpa-Bilderdienste; u.: dpa-Fotoreport
117 Sammlung Gesellschaft für Ökologische Forschung/Sylvia Hamberger
118/119 Hintergrund: getty-Jan Mckinnell; Mi. li.: Elizabeth Roberts
120 und **121** u.: Archiv Cornelsen
121 dpa-Bildarchiv
124 li. o.: dpa-Bildarchiv; re. o.: KPA/Chromorange; Mi.: dpa-Report; li. u.: dpa-Fotoreport; re. U.: PicturePress
125 Detail »Wecker«: KPA/Chromorange
126 Artothek
127 joke/Helga Lade
128 o.: dpa-Fotoreport; u.: Buck/mediacolors
129 akg-images
130 PicturePress
133 Archiv Cornelsen
134 dpa-Bildarchiv
135 dpa-Fotoreport
136/137 Hintergrund: picture-alliance/ASA; li.: Detail »Jeti«: Bernd Pfarr
138 Mike Agliolo/SPL/ Agentur Focus
139 li.: Norbert Schaefer; re. o.: Joerg Buschmann/buchcover.com; re. u.: Duwentaester/teamwork
140 picture-alliance/dpa
141 dpa
142 ZB-Fotoreport
143 Ute Grabowsky/photothek.net
144 dpa-Bildarchiv
145 Patrick Landmann
150 li.: Andreas Bohnenstengel; re.: argum
152/153 Nadia Budde, Eins Zwei Drei Tier, Wuppertal: Peter Hammer Verlag 1999 (©).
154/155 Hintergrund: Karlheinz Oster; li. u.: Elizabeth Roberts; re.: Galerie Sonnensegel e. V., Brandenburg
157 ZB-Fotoreport
158 li.: Manfred Berg, Otterberg; re.: Heidi u. Hannes Bräunlich: Was ich dir wünsche. Groh Verlag, Germering
160 akg-images/Erich Lessing
161 Detail »Epikur«: dpa-Bilderdienste
163 dpa-Bildarchiv
164 Artothek
165 plainpicture/Usbeck, P.
166 Archiv Cornelsen
167 akg-images/Werner Forman
168/169 Hintergrund: Susanne Scheffer, Berlin; li.: Detail »Justitia«: dpa-Bildarchiv; Detail »Badman«: dpa-Fotoreport
170 Studiochrome/Michael Nordus
171 o.: dpa-Bilderdienste; u.: dpa-Sportreport
173 Gerhard Medoch
174 Archiv Cornelsen
176 li.: Minkus; re.: Elie Khalife, Genf
178 Gerhard Medoch
179 ZB-Fotoreport

Werke der bildenden Kunst

8 Paul Klee, Rosenwind, 1922 (Bern, Klee-Museum)
16 Maerten I. van Valckenborch, Der Turmbau zu Babel, 1595 (Dresden, Gemäldegalerie)
48 Jan Cossiers, Prometheus, um 1637 (Madrid, Museo del Prado)
73 Wiener Genesis, 6. Jahrhundert (Wien, Österreichische Nationalbibliothek)
76 Dan Rubinstein, »Die Schöpfung« – Glasfenster im Misgav Ladach Spital (Jerusalem, Israel)/ © VG Bild-Kunst, Bonn 2016
87 und
88 Matthias Grünewald, Isenheimer Altar (erste Schauseite Mi. und zweite Schauseite re.), zwischen 1505 und 1516 (Antoniterkloster in Isenheim, Frankreich)
110 Giovanni Boccaccio, Decamerone (französische Buchmalerei), 1348 (Paris, Bibliotheque Nationale)
114 György Lehoczky, Arche Noah, 1966 (Privatbesitz)
126 Pieter Brueghel der Ältere, Die Heuernte, 1525/30 –1569 (Prag, Nationalgalerie)
129 Auferstehung der Toten, Buchmalerei 1490
136 Bernd Pfarr, Yeti, © VG Bild-Kunst, Bonn 2019
160 Nicolas Poussin, Midas an der Quelle Paktolos, 1626/27 (Ajaccio/Korsika, Musée Fesch)
164 Joseph Mallord William, Der Engel vor der Sonne, 1846 (London, Tate Gallery)

Illustrationen

Hans Wunderlich, Berlin (12, 14/15, 19–22, 24, 30, 33–38, 44, 46, 50, 54–57, 77, 122/123, 131/132, 146–149, 156, 163, 175, 177)

Fotografiken, Collagen und Karten

Gerhard Medoch, Berlin (69, 72, 74, 82, 93, 110, 172, 178); Elizabeth Roberts, Berlin (8/9, 10, 23, 26/27, 28, 40/41, 43, 45, 58/59, 70/71, 75, 86, 96, 102/103, 104/105, 118/119, 125, 136/137, 154/155, 160/161, 168/169)

Trotz sorgfältiger Recherchen konnten einige Text- und Bildquellen nicht eindeutig ermittelt werden. Wir bitten darum, gegebenenfalls vorliegende Rechte beim Verlag geltend zu machen.

Redaktion: Dr. Martin Kloke, Meike Roth-Beck (Kapitel 1 und 7)
Bildbeschaffung und -recherche: Susanne Scheffer

Künstlerische Beratung: Frank Schneider
Illustrationen: Hans Wunderlich
Umschlaggestaltung und Collagen: Elizabeth Roberts
Piktogramme und Fotografiken: Gerhard Medoch
Layoutkonzept: Wladimir Perlin
Layout und technische Umsetzung: Marina Goldberg

www.cornelsen.de

Die Webseiten Dritter, deren Internetadressen in diesem Lehrwerk angegeben sind, wurden vor Drucklegung sorgfältig geprüft. Der Verlag übernimmt keine Gewähr für die Aktualität und den Inhalt dieser Seiten oder solcher, die mit ihnen verlinkt sind.

1. Auflage, 8. Druck 2021

Alle Drucke dieser Auflage sind inhaltlich unverändert
und können im Unterricht nebeneinander verwendet werden.

© 2006 Cornelsen Verlag, Berlin
© 2016 Cornelsen Verlag GmbH, Berlin

Das Werk und seine Teile sind urheberrechtlich geschützt.
Jede Nutzung in anderen als den gesetzlich zugelassenen Fällen bedarf der vorherigen schriftlichen Einwilligung des Verlages.
Hinweis zu §§ 60a, 60b UrhG: Weder das Werk noch seine Teile dürfen ohne eine solche Einwilligung an Schulen oder in Unterrichts- und Lehrmedien (§ 60b Abs. 3 UrhG) vervielfältigt, insbesondere kopiert oder eingescannt, verbreitet oder in ein Netzwerk eingestellt oder sonst öffentlich zugänglich gemacht oder wiedergegeben werden.
Dies gilt auch für Intranets von Schulen.

Druck und Bindung: Livonia Print, Riga

ISBN 978-3-464-64703-5 (Ausgabe Westliche Bundesländer)
ISBN 978-3-06-120047-3 (Ausgabe Östliche Bundesländer)

PEFC zertifiziert
Dieses Produkt stammt aus nachhaltig bewirtschafteten Wäldern und kontrollierten Quellen.
www.pefc.de

PEFC/12-31-006